歷史中國的內與外

余英時 題

歷史中國的內與外

有關「中國」與「周邊」概念的再澄清

葛兆光　著

香港中文大學出版社

《歷史中國的內與外 —— 有關「中國」與「周邊」概念的再澄清》
葛兆光 著

© 香港中文大學 2017

本書版權為香港中文大學所有。除獲香港中文大學
書面允許外，不得在任何地區，以任何方式，任何
文字翻印、仿製或轉載本書文字或圖表。

國際統一書號 (ISBN)：978-988-237-074-6 (精裝)
　　　　　　　　　　 978-988-237-014-2 (平裝)

2017年第一版
2023年第五次印刷 (平裝)

出版：香港中文大學出版社
　　　香港 新界 沙田 · 香港中文大學
　　　傳真：+852 2603 7355
　　　電郵：cup@cuhk.edu.hk
　　　網址：cup.cuhk.edu.hk

The Inside and Outside of Historical China:
A Reclarification of the Concept of "China" and Its "Borders" (in Chinese)
　　By Ge Zhaoguang

© The Chinese University of Hong Kong 2017
All Rights Reserved.

ISBN: 978-988-237-074-6 (hardcover)
　　　 978-988-237-014-2 (paperback)

First edition 2017
Fifth printing 2023 (paperback)

Published by The Chinese University of Hong Kong Press
　　　　　The Chinese University of Hong Kong
　　　　　Sha Tin, N.T., Hong Kong
　　　　　Fax: +852 2603 7355
　　　　　Email: cup@cuhk.edu.hk
　　　　　Website: cup.cuhk.edu.hk

Printed in Hong Kong

秦始皇攘卻戎狄，築長城，界中國。

——《漢書·西域傳》

長城兩邊是故鄉。

——現代歌詞

目 錄

圖一：南宋黃裳紹熙元年(1190)所繪《地理圖》(選自曹婉如等編《中國古代地圖集(戰國至元)》，北京：文物出版社，1990)，有州、府368，軍、監63，關隘24，刻為碑石，現藏蘇州碑刻博物館。下方淳祐七年(1247)王致遠跋文說到，宋太祖「櫛風沐雨，平定海內」，但「獨河東數府之地與幽薊相接堅壁不下，王師再駕，迄無成功……至口宗之世，王師三駕，河東始平，而幽薊之地，卒為契丹所口口不能復也」。

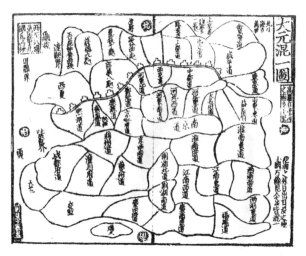

圖二：〈大元混一圖〉（見《事林廣記》，《續修四庫全書》集部第1218
　　　冊，頁235），右側題記「四海之外，日出日沒之地，小國萬餘
　　　見今並皆混一」。

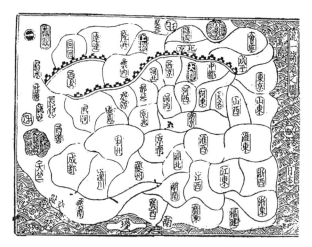

圖三：〈混一諸道之圖〉（出《大元混一方輿勝覽》，郭聲波點校，成
　　　都：四川大學出版社，2003年，頁5）。蒙元的疆域已經超越
　　　長城，長城以北的很多地方已經被畫在疆域之中。

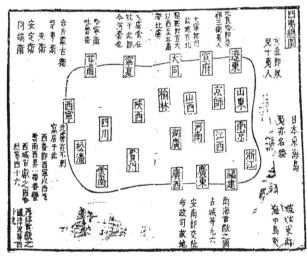

圖四：〈一統圖〉，〈四夷總圖〉（明‧張天復《廣皇輿考》卷一，卷
十八，《四庫禁燬書叢刊》史部第 17 冊，頁 9、350），〈四夷總
圖〉東北起遼東，西北至甘肅，東南為浙江福建，西南則為雲
南松潘，正是明朝疆域範圍。

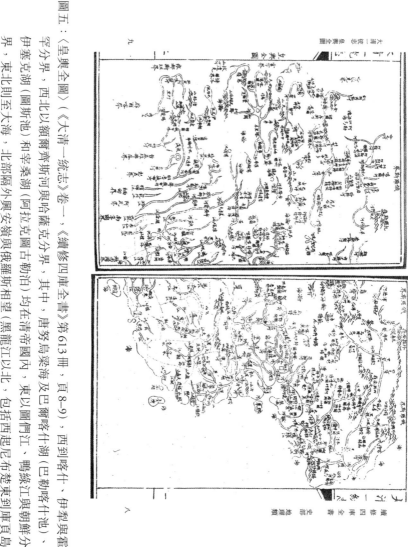

圖五：《皇輿全圖》（《大清一統志》卷一，《續修四庫全書》第613冊，頁8-9），西到喀什、伊犁與霍
罕分界，西北以額爾齊斯河與哈薩克分界，其中，唐努烏梁海及巴爾喀什湖（巴勒喀什池）、
伊塞克湖（圖斯池）和辛蓁湖（阿拉克圖古勒泊）均在清帝國內，東以圖們江、清與朝鮮分
界，東北則至大海，北部隔外興安嶺與俄羅斯相望（黑龍江以北，包括西起尼布楚東到庫頁島
均在大清帝國內）。

引言

「從周邊看中國」到「歷史中國之內與外」

　　這本小冊子，討論的不是一個新問題，而是一個老話題。對「中國」/「周邊」的話題討論如此之久，直到最近仍是一個熱門題目，[1] 說明它肯定還有懸而未決之處，依舊讓學界感

---

[1]　關於「中國/周邊」或者「內/外」，自從二十世紀上半葉若干題為「中國疆域史」、「中國民族史」、「中外交通史」的著作問世以來，研究論著非常多，這裏不一一舉例。最近，有關「中國」的著作仍然非常多，比如，許倬雲《我者與他者：中國歷史上的內外分際》(北京：三聯書店，2010)、葛兆光《宅茲中國：重建有關「中國」的歷史論述》(北京：中華書局，2011)、《何為中國？——疆域、民族、文化與歷史》(香港：牛津大學出版社，2014)、王賡武《更新中國：國家與新全球史》(英文本：*Renewal: The Chinese State and the New Global History*，香港：香港中文大學出版社，2013；黃濤中譯本，杭州：浙江人民出版社，2016)、許宏《何以中國：公元前 2000 年的中原圖景》

到困擾。

我也感到困擾。十年前即 2006 年，當我們開始推動一個主題為「從周邊看中國」的研究計劃的時候，我的想法只是，一方面實踐胡適 1938 年在瑞士蘇黎世參加國際歷史學會時提出的，把日韓保存的有關中國史料作為「新材料」的想法，[2]另一方面想改變中國歷史與文化研究中「自說自話」的習慣，提供重新認識東亞和中國的多重視角與立場。[3]但近十年來我

(北京：三聯書店，2014)、許倬雲《華夏論述：一個複雜共同體的變化》(台北：天下文化，2015；大陸簡體版改題《說中國》，桂林：廣西師範大學出版社，2015)，以及今年 (2016)的劉曉原《邊疆中國：二十世紀周邊暨民族關係史述》(香港：香港中文大學出版社，2016)、李零「我們的中國」系列四冊(北京：三聯書店，2016)。

[2]　見胡適："Newly Discovered Material for Chinese History"(新發現的有關中國歷史的材料)，收入《胡適全集》(合肥：安徽教育出版社，2003) 第 36 卷，頁 631–637；現有鄭群中譯本，載《中國歷史評論》(上海：上海古籍出版社，2014) 第四輯，頁 50–54。參看葛兆光〈攬鏡自鑒：日本韓國所藏有關近世中國的史料〉，原載《復旦學報》2008 年 2 期，收入《想像異域：讀李朝朝鮮漢文燕行文獻札記》(北京：中華書局，2014)，頁 3–25。

[3]　因此，從 2007 年以來，我們整理出版了《越南漢文燕行文獻集成》、《朝鮮漢文燕行文獻選編》和《朝鮮通信使文獻選編》(均為上海：復旦大學出版社，2010，2012，2015) 等有關東亞和中國的域外漢文文獻，我本人也出版了《宅茲中國》、《想像異

也注意到，在有關「從周邊看中國」研究的評論中一直有一些質疑的聲音，在這些質疑中最關鍵的是：什麼是「周邊」？「周邊」是環繞現代中國東西南北的異國嗎？「從周邊看中國」是否仍然隱含了以中國為中心，其他國家為邊緣的中心主義？其中，最不容迴避的問題就是對「周邊」如何界定？簡單地說，如果按照現代中國國境，「周邊」當然只能是日本、韓國、蒙古、越南、緬甸、印度、俄羅斯等異國，但是，按照歷史上的王朝疆域或帝國版圖，那麼，除了歷史上相對穩定延續的漢族中國政治-文化共同體之外，[4]古代西方北方的匈奴、鮮卑、突厥、吐蕃、回鶻、契丹、女真、蒙古、滿洲，以及南方的濮、溪、洞、蠻等相當多的非漢族群和邊緣區域，是否也曾是歷史上「中國」的「周邊」？我們是否也應該從他們的立場、視角和文獻，在歷史過程中反觀「中國」？不過，由於這在中國大陸不是學術領域裏的歷史問題，而是政治領域中的現實問題，因此，這些年來我只能比較含糊地使用「周邊」這一概念。

　　域》(北京：中華書局，2014)、《何為中國》(香港：牛津大學出版社，2014) 等討論東亞及中國的有關論著，還組織召開了幾次有關「從周邊看中國」、「東亞海域」、「亞洲歷史與民族認同」的會議。

[4]　　必須鄭重說明，儘管這一共同體本身，也充滿了複雜的族群融匯與文化雜糅，而且它有時與王朝重疊，有時分處幾個帝國，有時候只是帝國內部一部分，但我仍然堅持有一個相對穩定的「中國」。關於這一點，請參看第四章的討論。

可是，含糊終究只是權宜之策，如果不斷「打破砂鍋紋(問)到底」，不僅不可避免地要涉及現實的政治問題，可能也會涉及到更多具體的學術問題。比如說，如果按照現代國家的國境，這種「周邊」只是「外」，那麼，涉及「中國」與「周邊」的歷史研究，可能應當算在所謂的「中外關係史」領域；可是，如果按照傳統王朝的疆域，這種「周邊」可能還有「內」，那麼，涉及這種「中國」與「周邊」的某些歷史研究，就往往會在所謂「中國民族史」領域中；[5] 如果按照現代中國的國境，有些「周邊」可能是中國的「邊疆」，這一研究應當算在「邊疆史地」領域；但是如果按照傳統王朝的疆域，有些「周邊」在當時中國王朝之外，甚至與異域的歷史與文化關聯更深，因而不是「邊緣」(border) 只是「之間」(among)，[6] 有可能對它的研究應當劃在「區域史」或者「跨區域史」領域。假如我們承認歷史中國無論在疆域上、族群上還是文化上，都是移動的和變化的，那麼，「內」、「外」之際就常常會移形換位。正因為如此，我們不得

---

[5]　舉一個例子，有一部關於清代朝覲制度的研究著作，就認為邊疆民族朝覲納貢，與外國朝覲納貢，有「本質不同」，前者屬於「國內事務」，後者屬於「中外關係」，可是，這種國內國外的區分標准不是根據清代朝貢的歷史狀況來的，而是從現代中國國界內外來的。見張雙智《清代朝覲制度研究》(北京：學苑出版社，2010)「前言」，頁2。

[6]　這裏我借用了梁元生教授一部論文集的書名。見梁元生《邊緣與之間》(香港：三聯書店，2008)。

不在「從周邊看中國」的研究之後，繼續推動「歷史中國的內與外」的研究，希望在這一研究中，不僅說明歷史中國的疆域、族群和文化的內、外變化，也試圖溝通過去分屬中外關係史、中國民族史(包括「邊疆民族」)、歷史地理學(包括所謂「邊疆史地」)、全球史(和區域史)的各種資料、理論和方法。

因此，無論如何，對「周邊」——其實反過來也就是「中國」——還欠一個清晰的界定和說明，下面，我就從「周邊」的重新認識說起。

壹

「周邊」的重新界定：移動與變化的「中國」

要說明「周邊」，應當先說明「中國」。

原本「中國」並不是問題，「中國」之成為問題是在晚清民初，即張灝所說的「中國近代思想史的轉型時代」(1895–1925)。[1] 眾所周知，晚清民初是一個各種觀念激變與衝突的時代，也是一個由於進入現代「國際」需要重新定義「國家」的時代。在「中國」起源與界定這一問題上，當時大致有三個說法相當流行，即「中國文化西來」說、[2]「苗先(原住民)漢後(外來

---

[1] 張灝〈中國近代思想史的轉型時代〉，《二十一世紀》第52期(1999年4月號)，頁29–39。

[2] 拉克伯里 (Albert Terrien de Lacouperie) 的《初期中國文明的西方起源》和《漢民族以前的中國諸語言》等著作，提出「中國文化

者)」説、[3]「中國本部說」,[4] 在當時這些說法對中國的自我認識

西來說」,通過日本轉手傳來,在晚清民初影響很大。使中國
學界深受刺激,當時便引起了好多討論,很多學者如章太炎、
劉師培、梁啟超、蔣智由等都受其影響。這一話題研究論著
很多,中文世界最新的研究,參看孫江〈拉克伯里「中國文明
西來說」在東亞的傳佈與文本之比較〉,載《歷史研究》(北京)
2010年1期,頁116–137。

[3]   例如1903年蔣智由(署名觀雲)在《新民叢報》第三十一號上發
表〈中國上古舊民族之史影〉,就引用日本學者鳥居龍藏、田
能村梅士等人的說法,贊成苗族是中國最早的土著,而漢族是
後來外來人種。一開頭就說,「先吾種族而為中國之主人翁者
誰乎?則苗族是也。苗族始據中國腹地而其後退敗零落,棲
息於南中國一隅之地者也」。(頁1)

[4]   「中國本部」的說法,有學者指出,英國學者 William Winterbotham
在1795年出版的 *Historical Geographical and philosophical View of
the Chinese Empire* (London, 1795; Philadelphia, 1796) 中,就已經
把清帝國疆域分為「China proper」(本部)、「Chinese Tartary」(韃
靼),和「States Tributary to China」(朝貢國)。這個看法淵源很
久影響很大,如 J. B. Harley 和 David Woodward 所編的《世界地
圖史》(1992) 第二卷,也把中國區域分為兩個區域,一個是中
國本土 (China proper),一個是西藏與蒙古。見韓昭慶〈康熙
《皇輿全覽圖》與西方對中國歷史疆域認知的成見〉,載《清華
大學學報》2015年6期,頁123。但我個人的看法是,「本部」
這一概念真正發生影響,仍是來自明治時期日本學者的說法,
他們用現代民族國家的某些要素來衡量中國,強調大清帝國並
非一個國家,滿蒙回藏鮮都不是「中國」,「中國」只是長城以

衝擊非常之大。到了1920年代出現「古史辨」運動，它對傳統文獻與古代歷史的質疑，不僅帶來了對傳統古史的破壞，也逐漸摧毀了「出於一源」的歷史觀。[5]在舊的中國歷史起源說摧毀之後，便逐漸出現各種新的歷史解釋。自從1927年徐中舒(1898–1991)發表〈從古書中推測之殷周民族〉，[6]同年蒙文通(1894–1968)出版《古史甄微》，[7]1933年傅斯年(1896–1950)

南的漢族地區。參看葛兆光《宅茲中國：重建有關中國的歷史論述》(北京：中華書局，2011)，頁242–246。

[5] 古史辨的綱領，用顧頡剛的說法，就是(一)「打破民族出於一元的觀念」；(二)「打破地域向來一統的觀念」；(三)「打破古史人化的觀念」；(四)「打破古代為黃金世界的觀念」。見顧頡剛〈與劉胡二先生書〉(原載《讀書雜誌》第十一期，1923年7月1日)，收入《古史辨》(上海：上海古籍出版社重印本，1982)第一冊，頁96–102。

[6] 徐中舒〈從古書中推測之殷周民族〉，先舉四證說明「殷周非同種民族」，又說周滅殷後苗黎與周民族「漸次混合，遂成為今日中國之漢族」，秦漢時代苗黎之遺存黔首蒼頭也漸漸消失，「種族之界限漸泯」，後人則不知古代民族之不同來源。載《國學論叢》第一卷一號，頁109–113。

[7] 《古史甄微‧序》(《蒙文通文集》第五卷，成都：巴蜀書社，1999)，王汎森認為，蒙文通的問題意識，源於其師廖平「破舊說一系相承之謬」的追問，見王汎森〈從經學向史學的過度——廖平與蒙文通的例子〉，載四川大學歷史文化學院編《蒙文通先生誕辰110周年紀念文集》(北京：線裝書局，2005)，頁152–169。

出版《夷夏東西説》，[8] 1943年徐炳昶（1888–1976）出版《中國古史的傳説時代》以來，[9] 學界對於古代「中國」大多放棄「唯一起源」和「單線歷史」的説法。近年影響很大的蘇秉琦（1909–1997）《中國文明起源新探》，更把中國史前文明分為六大區域（燕山南北長城一帶；山東為主的東方；關中、晉南、豫西為主的中原；太湖為中心的東南；洞庭及四川；珠江三角洲的南方），提示了古代「中國」族群和文化的多源。[10] 既然古代文化與族

---

[8]　傅斯年《夷夏東西説》，《傅斯年全集》第三卷，頁226。

[9]　徐炳昶《中國古史的傳説時代》，桂林：廣西師大出版社重印本，2003。

[10]　蘇秉琦《中國文明起源新探》（瀋陽：遼寧人民出版社，2009），頁29–30。蘇秉琦的説法，最早是在1981年，他與殷瑋璋合作的〈關於考古學文化的區系類型問題〉中提出來的，他指出，在中國發現的新石器時代文化面貌有「諸多差異」，除了少數可能「前後繼承」外，其他的各有淵源，儘管黃河流域在歷史上起到重要作用，但是「其他地區的古代文化也以各自的特點和途徑在發展著」，見《文物》1981年第5期，頁11；後來，嚴文明也提出中國新石器時代文化格局如同「重瓣花朵」的説法，而張光直也提出早期中國文化的「中國交互作用圈」的説法，這些説法與蘇秉琦的説法相互呼應，説明早期文化各個區域多樣性的存在。嚴文明〈中國史前文化的統一性和多樣性〉，載《文物》1987年第3期，頁38–50；張光直〈中國相互作用圈與文明的形成〉，見《慶祝蘇秉琦考古五十五年論文集》（北京：文物出版社，1989），頁151–189；俞偉超曾指出，蘇秉琦的這些主張在1980年代中國考古學界佔據主流的位置，見曹兵武、戴

群都未必「出於一」，因此，所謂古代「中國」也無法簡單地「定於一」，古代中國之族群也無法簡單地說它們都是「炎黃子孫」。換句話說，就是我們無法簡單地認定現在這個「中國」，自古以來就是一個文化、民族、語言的共同體。[11]

一　從〈禹貢〉到《史記》:「九州」與「中國」

　　有立場的歷史敘述，往往與無意識的歷史事實不同，儘管古代中國的文化與族群未必「出於一」，但歷史敘述卻始終在努力構造其「出於一」。在司馬遷把各種來源不一的古代資料寫進一部《史記》，從而建立了古代中國歷史的主脉之後，所

<hr>

向明〈中國考古學的現實與理想——俞偉超先生訪談錄〉，王然編:《考古學是什麼》(北京:中國社會科學出版社，1996)，頁229。

[11]　許宏《何以中國:公元前2000年的中原圖景》曾經引用日本學者黃川田修的說法，把早期中國從二里頭到春秋時代稱之為「國家群」，說「早期王朝絕非單一的國家 (state)，它是由無數的諸侯國構成的國家聯盟，應總稱為國家群 (state complex)」。(頁144)最近，他在〈中國考古學界國家起源探索的心路歷程與相關思考〉中又指出，仰韶龍山時代的長江黃河流域，特點是「滿天星斗」和「邦國林立」，所以可以叫「古國時代」、「邦國時代」，或者借用歐美學界的說法，叫「酋邦 (chiefdom) 時代」，載《中原文化研究》(鄭州) 2016年2期，頁15。

謂「其先出於黃帝」、「其先出於帝嚳」或「其先出自顓頊」之類的傳說，和所謂「三皇五帝夏商周，秦漢唐宋元明清」一脈相承的歷史敘述，就在傳統經史典籍中凝固成形。[12]其中，對古代「中國」的描述，過去學界常引述《山海經》、《周禮》和〈禹貢〉等文獻。不過，《山海經》只是想像古代中國四周的神話傳說，[13]《周禮·職方氏》只是古代學者規劃天下的最早藍圖，都不能算真正有關古代「中國」疆域的歷史文獻。唯有〈禹貢〉一篇雖然多有爭議，但由於近來出土資料可以佐證其觀念與傳說之早，因而頗受學界關注。[14]儘管它的「九州」之説，不免也

---

[12] 《國語》、《左傳》、《世本》等等先秦典籍，往往把不同地域、來源、風俗的族群，納入一個歷史脈絡，特別是在《史記》中形成一種整齊的敘述形式，使得原本來源不一、族裔複雜的「中國」有了一個共同歷史。

[13] 最早如日本小川琢治〈支那戰國以前の地理上智識の限界〉就以《山海經》來討論戰國以前古代人對「中國」的認識，認為那時大體上就已經形成東北為燕、遼東，北為趙、秦即沙漠南界，東為田齊即黃海沿岸，南方為楚即江南地方的空間，載《藝文》第六年 (1915) 第四號，頁 15–40。

[14] 在提到大禹的傳世文獻中，王國維說西周中葉宋人所作之《詩·商頌·長發》為最早。顧頡剛曾認為，那個時候大禹還是天神，到了《詩·魯頌·閟宮》和《論語》之後，大禹才成為人中之王，但此時已是春秋、戰國時代。王國維對顧頡剛的說法不以為然，覺得顧頡剛「頗與日本之文學士（白鳥庫吉）同」。見《王國維全集·書信》（北京：中華書局，1984），頁

是來自傳說加上想像，但它多少透露古代人有關「我者」的一些認知，所以勉強可以算是描述古代中國疆域最早的文獻，1930年代面臨國族危機時代，中國歷史地理學家以「禹貢」作為研究中國疆域刊物的名稱，1980年代面對中國轉型，一批海外學者以《九州》作為研究中國文化刊物的名稱，也許都表達了這一觀念。

根據〈禹貢〉呈現的觀念來看，「九州」可能很早就成為「華夏」自我界定的範圍，[15]殷周兩代也初步形成了一個「共同體」

325–326。他在《古史新證》（北京：清華大學出版社，1994）第二章就論及大禹，並以1919年甘肅禮縣新出「秦公敦（簋）」和宋代著錄的齊侯鎛鐘（即叔弓鎛）為例。最近，由於新發現齊公盨，年代在西周中期偏晚，裏面已經提到「天命禹敷土，隨山浚川」，所以，很多學者認為，這證明大禹治水的傳說來源很早。參看李零〈三代考古的歷史斷想〉，原載《中國學術》（北京：商務印書館，2003），收入李零《待兔軒文存（讀史卷）》（桂林：廣西師範大學出版社，2011），頁79–80；唐曉峰〈禹貢的經典化〉，見唐曉峰《從混沌到秩序——中國上古地理思想史》（北京：中華書局，2010）第十一章，頁260–285。

[15] 有關大禹治水劃分九州的傳說，證之早期文獻如《左傳》襄公四年魏絳引〈虞人之箴〉的「芒芒禹跡，畫為九州」、叔弓鎛的「咸有九州，處禹之堵」。可見，把「九州」看做一個共同空間的觀念，可能在周代就已經出現。上海博物館收藏的戰國楚簡〈容成氏〉記載大禹治水和「九州」，只是它的「九州」與〈禹貢〉略有差異，據李零釋文及注解，其中有兗州、徐州、青州（或

的基礎。[16] 不過也應當指出，即使在殷周兩代，在實際的政治與制度上，畢竟還是列國分封。儘管名義上有商周之王作為天下共主，但實際上當時各種酋邦、各種諸侯各自為政，周邊環伺的蠻夷戎狄也未必真正認同這個「王」作為共主。[17] 那個時代的所謂「中國」，只是函谷關以東黃河中下游，[18] 既不

營州）、呂州、荊州、揚州、豫州、雍州等。見馬承源主編《上海博物館藏戰國楚竹書》(上海：上海古籍出版社，2002) 第二冊，頁 268–271。

[16] 杜正勝《周代城邦》(台北：聯經出版事業公司，1979) 第一章曾引用《荀子·儒效》「立七十一國，姬姓五十三」說，周代依靠聯姻和殖民，形成中國對四方格局的共同體的基礎。但是，魯有殷民六族，衛有殷民七族，晉領懷姓九族，實際上這還只是一個初步和鬆散的共同體。

[17] 所謂蠻夷之邦，也不把自己算在「中國」之內。如楚國，《春秋公羊傳》僖公四年說，「楚有王者則後服，無王者則先叛。夷狄也，而亟病中國」(注：數侵滅中國)。中華書局影印本，頁 2249。而楚國自己，一直到戰國時代還不把自己算在「中國」裏面，所以《戰國策》(上海：上海古籍出版社，1978) 卷十六〈楚三〉裏楚王自己講，相對於鄭、周，「楚，僻陋之國也，未嘗見中國之女如此之美也」，頁 540。

[18] 《史記》(以下凡引二十四史及《清史稿》，均為北京中華書局校點本，不一一注出) 卷十二〈孝武本紀〉說，「天下名山八，而三在蠻夷，五在中國」。西漢也只是把直接屬於漢朝制度管轄的地方當作中國，並不把南方和邊地看成「中國」，頁 468。一直到北魏還有人說，「漢之名臣，皆不以江南為中國，三代

包括西北之「戎狄」（如犬戎、獫狁），也不包括南方之「蠻夷」（如吳、越、楚），既沒有在制度上真正形成一個統一國家，[19] 甚至連北方即後來理所當然算在中國內的「幽、并、營」三州，也在九州之外，[20] 就是九州之內，也雜居了很多不同族群

之境，亦不能遠」，甚至連已經納入〈禹貢〉九州中的揚州、荊州，也只是「近中國」之地。見《魏書》卷五十四〈高閭傳〉，頁1208；又，這句話《北史》卷三十四〈高閭傳〉也有記載，頁1259。

[19] 顧頡剛〈秦漢統一的由來和戰國人對於世界的想像〉中說，「秦漢以前的中國，只是沒有統一的許多小國，他們爭戰併吞的結果，從小國變成了大國，才激起統一的意志，在這個意志之下，才有秦始皇的建立四十郡的事業」，《古史辨》（上海：上海古籍出版社重印本，1982）第二冊，頁1。這個說法雖然絕對一些，但大體不錯，可以瓦解自古中國即單線歷史的迷思。當然，後來傅斯年、張蔭麟等人對這個比較絕對的看法，也做了一些修正和補充。劉家和〈論先秦時期天下一家思想的萌生〉不同意這一看法，認為「殷周時期，中原大地上雖有小國的林立，但也並非沒有任何統一的趨向」，載《「中國歷史上的分與合」學術研討會論文集》（台北：聯經出版事業公司，1995），頁20。但是，我個人認為，這兩說並不衝突，劉家和指出的只是「趨向」，並不是已經成形的「事實」。

[20] 顧炎武《日知錄》卷二十二「九州」說，「幽、并、營三州在〈禹貢〉九州之外」，其中幽州包括涿、易兩州至塞北，并州包括忻、代兩州至塞北，營州在今遼東大寧，古人心目中都不是九州之內，也不能算「中國」。《顧炎武全集》（上海：上海古籍出

或部落，[21]春秋戰國時代，「自隴山以東，及乎伊洛，往往有戎」，[22]所以才會有春秋五霸迭興，戰國七雄並立，根本不把周王放在眼中；也會有「南夷與北狄交，中國不絕如線」的現象。[23]甚至還有「中國之外」的楚王「觀兵於周疆」，居然在東周首都洛陽郊外問九鼎大小，覬覦王位的事情。[24]

因此，真正有關「中國」疆域、族群與文化形成的歷史記載，仍然要在秦漢時代中國統一之後的文獻中尋找。學界一般同意，古代中國疆域基本定型於秦漢。秦平定六國，以郡縣制取代封建制，這才使得古代中國基本成為一個政治、制度和文化上具有同一性的統一帝國，只有在這種新國家的制度中，所謂「中國」才可以算基本形成並成為很多人認同的「共同

版社，2011）第19冊，頁840。

[21] 樂史《太平寰宇記》（北京：中華書局，2007）卷一百七十二〈四夷總論〉說，「四夷之居，本在四表，雖獫狁之整居焦獲，陸渾之處於伊川，其人則夷，其地則夏，豈可以周原、洛邑謂之夷裔乎」，頁3296。其實，把周原、洛邑作為當然的「華夏」，恐怕是事後的說法，華夷雜居現象，原本應當是很正常的。

[22] 《後漢書》卷八十七〈西羌傳〉：「渭首有狄、獂、邽、冀之戎，涇北有義渠之戎，洛川有大荔之戎，渭南有驪戎，伊、洛間有楊拒、泉皋之戎，潁首以西有蠻氏之戎」，頁2872。

[23] 《春秋公羊傳注疏》（中華書局影印本《十三經注疏》）「僖公四年」，頁2249。

[24] 《春秋左傳正義》卷二十一（中華書局影印本《十三經注疏》）「宣公三年」，頁1868。

體」。[25] 因此，我們不妨借〈禹貢〉為源頭，以《史記·秦始皇本紀》、《史記·貨殖列傳》對「中國」東西南北的記載為主，看所謂「中國」的大致疆域。

《史記·秦始皇本紀》説，秦統一天下，「地東至海暨朝鮮，西至臨洮、羌中，南至北向戶，北據河為塞，並陰山至遼東」，[26] 其實多少有一些誇張。統一時代的秦帝國疆域，最初「分天下為三十六郡」，[27] 稍後在南方開拓桂林、象郡、南

---

[25]　當然，郡縣制並不一定始於秦始皇，顧炎武《日知錄》卷二十二「郡縣」一條曾舉例説明秦始皇之前就有郡縣制度，《顧炎武全集》第19冊，頁842。但是，在整個中國以強力「廢封建，立郡縣」，影響後世中國，仍然是秦始皇最重要的舉措。

[26]　《史記》卷六〈秦始皇本紀〉，頁239。

[27]　《史記》卷六〈秦始皇本紀〉「集解」：「三十六郡者，三川、河東、南陽、南郡、九江、彰郡、會稽、穎川、碭郡、泗水、薛郡、東郡、琅邪、齊郡、上谷、漁陽、右北平、遼西、遼東、代郡、鉅鹿、邯鄲、上黨、太原、雲中、九原、雁門、上郡、隴西、北地、漢中、巴郡、蜀郡、黔中、長沙，凡三十五，與內史為三十六郡」。（同上，頁239）參看錢大昕〈秦三十六郡考〉、〈秦四十郡辯〉，均載《潛研堂文集》卷十六，《嘉定錢大昕全集》（南京：江蘇古籍出版社，1997）第九冊，頁250–251，245–248，顧頡剛、史念海《中國歷代疆域史》引全祖望〈漢書地理志稽疑〉，對此有考證，顧、史認為全祖望的説法，「於諸家之中最具勝義」。（頁63）但1947年，譚其驤發表〈秦郡新考〉指出，全祖望的考證雖然很全，但局限在「初併天下時之三十六郡」，被王國維認為是「嬴秦一代所有之郡」，因此是有

海，西北驅逐匈奴之後，「自榆中並河以東，屬之陰山，以為三十四縣」，加上蒙恬在北方，「取高闕、陶山、北假中」，與北方戎狄對峙而開拓的地區，[28] 這就是秦帝國之實際版圖。《漢書·西域傳》就說，秦始皇改變了周代戎狄雜錯的局面，「攘卻戎狄，築長城，界中國」。[29] 這個「中國」比起〈禹貢〉所叙述的「九州」（冀州、兗州、青州、徐州、揚州、荊州、豫州、梁州、雍州）來，[30] 雖然在西南、南方和東北方略有擴張，但核心區域仍然大體相當。特別重要的是，在這個核心區域，由於帝國臣民／編戶齊民的身份在帝國之中日益趨同，各種原本雜居的蠻夷戎狄，漸漸在政治、制度、文化上融入共同體，使得這個區域逐漸成為「中國」。[31]

問題的，他進一步考證，「秦一代建郡之於史有徵者四十六」，見《長水粹編》（石家莊：河北教育出版社，2000），頁 42–53，特別是頁 42、53。

[28]　如果用現代地名來說，大體上西界在今四川松潘、邛崍、西昌到雲南大理一線；南界在今廣西憑祥及越南北部、廣東湛江、南海；東界在今東海、黃海、渤海灣，遼東及今朝鮮平壤西南部分；北界在今集寧、呼和浩特、包頭一線。可以參看譚其驤主編《中國歷史地圖集》（北京：中國地圖出版社，1991）。

[29]　《漢書》卷九十六上〈西域傳〉，頁 3872。

[30]　這個地區大約包括的是今河北、山東、江蘇、湖北、湖南、河南、四川、陝西、山西這一圈，大體上是現在所謂漢族區域。

[31]　《後漢書》卷八十五〈東夷列傳〉「秦并六國，其淮夷、泗夷皆散為民戶」，頁 2809。

接下來看《史記‧貨殖列傳》。〈貨殖列傳〉自「漢興海內為一」一句以下，也有一段關於西漢王朝疆域的描述，當年日本學者日比野丈夫 (1914–2007) 已經充分重視這一記載的意義。[32] 在這段描述中，說明那個時代的人對西漢時代「中國」的基本認知，大體上是西面到關中、巴蜀、天水，南面到番禺、儋耳，北面是龍門碣石、遼東、燕涿，東面為海岱、江浙，「中國」疆域大體如此。[33] 如果與秦帝國相比，應該說，西漢最重要的疆域擴張，可能就是在西北設置西域都護府，在西南設置牂牁等郡。[34]《漢書‧西域傳》曾說「表河西，列四郡，開玉門，通西域，以斷匈奴右臂，隔絕南羌、月氏。單

---

[32]　《史記》卷一百二十九〈貨殖列傳〉，頁 3261–3270。關於西漢時期的行政區劃和國土疆界，可以參看譚其驤〈漢百三郡國建置之始考〉；也可以參看《史記‧漢興以來諸侯年表》中有關郡國的描述：「自雁門、太原以東至遼陽，為燕、代國；常山以南，太行左轉，渡河、濟、阿、甄以東，薄海，為齊、趙國；自陳以西，南至九疑，東帶江、淮、穀、泗，薄會稽，為梁、楚、淮南、長沙國；皆外接於胡、越」。

[33]　日比野丈夫〈史記貨殖列傳と漢代の地理區〉，原載《東方學報》京都第四十一冊，1970；收入日比野丈夫著《中国歴史地理研究》(京都：同朋舍，1977)，頁 1–19。

[34]　《漢書》卷九十六上〈西域傳〉說「秦始皇攘卻戎狄，築長城，界中國，然西不過臨洮」，而西漢卻「征四夷，廣威德」，「列四郡，據兩關」，即設立武威、張掖、酒泉、敦煌四郡，頁 3872–3873。

于失援，由是遠遁」，西北邊疆由此向外延伸；而《漢書·西南夷傳》説，元鼎六年(前111年)滅且蘭，「斬首數萬，遂平南夷為牂牁郡」，使得西南諸夷「爭求內附」，漢王朝在西南相繼設立越嶲、沈犁、汶山、武都以及益州，這使得西漢「中國」又向外拓展了很大一塊。[35]

二　統一與統合：
帝國內部政治、制度與文化的同質化

但是，郡縣之設立，只是表明帝國控制的疆域，而制度之趨同，才使這個疆域真正成為一個國家，而文化之認同，才能讓這個國家凝固定型。正如古人所説，「國賦之所均，王教之所備，此謂華夏者也；以圓蓋方輿之廣，廣谷大川之多，民生其間，胡可勝道，此謂蕃國者也」。[36]因此，關於古代帝國疆域的認識，我們先不妨設立三個坐標，一是政治控制疆域，二是制度涵蓋範圍，三是文化認同區域。在古代中國，這三個坐標未必完全重疊。帝國的政治控制範圍也許很廣闊，但正如古代想像的所謂「五服」那樣，除了核心區的「甸服」與「侯服」

---

[35]　《漢書》卷九十六下〈西域傳〉，頁3928；卷九十五〈西南夷兩粵朝鮮傳〉，頁3841。

[36]　《舊唐書》卷一九七〈南蠻、西南蠻〉「史臣曰」，頁5286。

之外，所謂「綏服」、「要服」，不過就如後世所謂「羈縻」地區，並非同一制度管理，也未必可以算自己國家之「內」，只是依賴「征伐」或「封貢」等方式，與「中國」發生聯繫，充其量是名義上的領屬之地，若不經過後世所謂由「土」(土司)變「流」(州縣)，不曾被國家的戶籍、賦稅、刑律等實際管轄，也並不能算「本國」。至於「荒服」，那更是「重譯而至」的遙遠異國；就是核心地區所謂「甸服」、「侯服」之地，秦漢之前也是族群交錯雜居，[37]南蠻與北狄交，甚至東周王都洛陽之側即為(陸渾)戎狄所居，也只能算文化上的「華夏」，卻未必是制度上的「中國」。

嚴格說來，一直要到秦以郡縣制重建帝國秩序，在這個區域內，皇帝(或者朝廷)具有絕對權力，軍隊統一控制，官員統一派遣，制度統一設置，而在這個區域外，則視為蠻夷，無論是主動征伐還是被動防禦，區域之外都是「他者」，這樣才能使三十六郡這個「核心區域」，大體上成為政治、制度、族群相對同質性的「我者」，成為與「敵國」相對的「中國」。所

---

[37] 其實，這一現象後世依然嚴重，漢代羌人甚至深入長安附近三輔地區，由於長期處於鮮卑、羌等異族統治之下，中古時期各種族群的雜居現象也非常普遍，一直到唐代，不僅唐代皇室李氏與非漢族人頗有淵源，就連核心區域的北方中國，也居住很多不同族群的人，比如唐代長安據說居住有數十萬波斯等非漢族人。

以，從**政治史**上看，漢代雖然把邊疆向外拓展，大大開拓了帝國之疆域，但那時逐漸形成的文化同一的「中國」，大體上仍是在核心區域中；從**民族史**上看，漢代西域都護府對遙遠的五十六國（今新疆一帶），只是一種鬆散的「羈縻」，而牂牁等郡縣的設立，對西南夷（今雲南、貴州與四川一部分）也只是嵌入漢王朝的楔子，大半為了杜絕西南後患；而從**文化史**上看，應當說那些區域還遠遠沒有「成為中國」，仍然只是中國的「周邊」。

1970年，劉子健曾經用「統合」（integrative）這個概念，對歷史上的「中國」之所以能夠綿延不絕做過解釋。[38] 1995年，蕭啟慶在討論蒙元帝國時，進一步根據Philip E. Jacob和Henry Teune的說法，提出應當區分「國家統一」（national unity）與「國家統合」（national integration），指出「統一的國家未必產生國家的統合，一個國家能否統合，得視其幅員之寬狹、國民同質性的高低，及統治階層的背景和政策而定」，特別是在包含眾多民族與廣袤疆域的傳統帝國時代，這一說法很有參考價值。[39]

---

[38]　劉子健（James T. C. Liu）〈中國歷史中統合的因素及其相互的影響〉，邢義田譯，收入《中國文化的危機與展望 —— 文化傳統的重建》（台北：時報出版公司，1982），頁161–173。他認為，比起政治統合來，社會統合對於「中國」之延續更加重要，頁170。

[39]　蕭啟慶〈元朝的統一與統合 —— 以漢地、江南為中心〉，最初發表於1995年，後來收入《內北國而外中國》上冊（北京：中華

秦漢四個多世紀中,政治上帝國疆域大體已經統一,而在政治文化上則在逐漸統合,身處秦漢帝國的民眾,無論過去是諸夏還是邊夷,愈來愈習慣這個「中國」,而帝國內部也逐漸淡化了各自族群身份的差異,就像《後漢書》所說的,「淮夷、泗夷皆散入民戶」。於是,這個「中國」在歷史記憶、觀念世界中才逐漸成為「日用而不知」的自我稱謂,王明珂在《華夏邊緣》一書中說,「華夏邊緣的漂移、擴張不是沒有止境的」,到了漢末,這個「中國」在南蠻北狄東夷西戎之中,越加凸顯與清晰,於是,「這個華夏邊緣逐漸明確化、固定化」,我大體同意這一判斷。[40]

但是,當時一些邊緣地區,卻並不被認為是「中國」,它們還是「周邊」。原因很簡單,因為政治、制度和文化若然不能齊頭並進,這些疆域仍不能有機地融入「帝國」,這些民眾還不是同質的「臣民」。因此,秦漢時代的「中國」,核心區域實質上並沒有太大的變化,西南也好,西北也好,在當時仍不能視為「中國」。《史記·漢興以來諸侯王年表》在描述西漢外

書局,2007),頁 18。關於「統合」的意思,他根據的是 Philip E. Jacob 和 Henry Teune 的 "The Integrative Process: Guidelines for Analysis of the Bases of Political Community",收在 Philip E. Jacob and James V. Toscano eds., *The Integration of Political Communities*, Philadelphia: J. B. Lippincott, 1964。

[40] 王明珂《華夏邊緣:歷史記憶與族群認同》(台北:允晨文化,1997),頁 289。

緣各諸侯國(燕、代、齊、趙、梁、楚、淮南、長沙)時,最後說了一句「皆外接於胡、越」,用一個「外」字和一個「接」字,說明儘管帝國勢力已經延伸到很遠,但北方之胡、南方之越大體仍不被算在「中國」之內。因此,從歷史過程來說「周邊」,在秦代應當既有「臨洮」以西,也有「遼東」以東,在漢代應當既有河西四郡之外的「西域」,也有當時並不臣服漢帝國或不直接歸帝國管轄的「匈奴」、「朝鮮」、「西南夷」或「大宛」。[41]

秦漢時代,中國當然已經成為「帝國」。一般來說,帝國都有著廣袤的疆域、眾多的族群和不同的文化,但需要注意的是,秦漢帝國與其他世界帝國相當不同的是,具有制

---

[41] 《史記》卷一百十〈匈奴列傳〉說,秦末「蒙恬死,諸侯畔秦」,匈奴頭曼單于「稍渡河南,與中國界於故塞」,到漢初冒頓單于,「最強大,盡服從北夷,而南與中國為敵國」,頁2887–2890。卷一百一十三〈南越列傳〉說,漢初承認趙佗「為南越王,與剖符通使,和集百越,毋為南邊患害,與長沙接境」,頁2967–2968。卷一百一十五〈朝鮮列傳〉說漢初,「天下初定,遼東太守即約(朝鮮王)滿為外臣,保塞外蠻夷,無使盜邊,諸蠻夷君長欲入見天子,勿得禁止」,頁2986。卷一百一十六〈西南夷列傳〉說,西南包括夜郎、滇、邛都、嶲、昆明、徙、筰、冉駹、白馬等等「皆巴蜀西南外蠻夷也」,頁2991。卷一百二十三〈大宛列傳〉中說,「大宛之跡,見自張騫」,「騫身所至者大宛、大月氏、大夏、康居,而傳聞其旁大國五六」,頁3157,3160。以上敘述的,應當就是當時西漢(中國)的「周邊」、「蠻夷」或「外國」。

度、文化、族群同一性的核心區域，從一開始就相當穩定和龐大，從政治、制度和文化上看，它早早地設立了中央統一控制的郡縣(也包括漢代的同姓諸侯國)、實行了基本同一的律令制度、逐漸淡化了區域文化差異的核心區域，這形成了穩定的「中國」，它也早早形成了具有歷史同源感、語言同一性、文化相似性的族群共同體，也就是「漢族」。[42]應當特別說明的，是以下三點：第一，這個「中國」/「漢族」是在匈奴/蠻夷等「他者」環繞中，凸顯出來的「我者」；第二，它經由一代又一代的歷史記憶，形成一種可以叫做「認同」也可以叫做「歸屬感」的心理，[43]形成人們的「中國」意識；第三，儘管歷史上從來沒有一個正式名稱叫「中國」的國家(或王朝)，但秦漢帝國奠定的這個被稱為「中國」的共同體始終

---

[42] 魯西奇〈中國歷史上的核心區：概念與分析理路〉引用冀朝鼎的說法，認為中國歷史上有「受到王朝特別重視，據之即足以控制全國的特殊地區」，這就是「核心區」。他重新作了界定，這一核心區的要素包括(1)應是兵甲所出之區，(2)應是財賦所聚之都，(3)應是人才所萃之地，(4)應為正統所寄之望。我的理解，這就是說的「中國」。載《廈門大學學報》2010年第1期，頁8–9。

[43] 吉登斯(Anthony Giddens)《民族-國家與暴力》(*The Nation-State and Violence*，胡宗澤、趙力濤中譯本，北京：三聯書店，1998)曾說，「民族主義」就是「一種心理學現象，即個人在心理上從屬於那些強調政治秩序中人們的共同性的符號和信仰」。(頁141)

存在，無論後來這個帝國是分裂還是統一，是縮小還是擴大，「中國」始終存在於人們觀念世界中，影響著這個自認漢族的人群的歷史想像和文化認同。[44]

三　內與外：古代敵國的爾疆我界

當然，古代中國歷史複雜而漫長，觀念世界中的「中國」雖然相當穩定，但是現實世界中的「中國」(帝國／王朝)卻變動不居。從四世紀到七世紀，經過「索虜」與「島夷」彼此拉鋸，南朝與北朝互相對峙，儘管秦漢奠定的這一大帝國在政權上從統一到分裂，在疆域上有開拓也有萎縮，但到隋唐時代又終於回復一統。特別是七世紀之後大唐王朝的建立，疆域繼續外擴，並使波斯、突厥、粟特、吐蕃、天竺各族紛紛進入「中國」之核心區域，但是，在政治、制度與文化上可以認同之「中國」，仍大體在秦漢奠定的這一空間範圍內，所以《新唐

---

[44]　王爾敏曾說，先秦典籍中的「中國」一詞具有「文化疆界」和「領土疆界」的雙重指涉，但是「文化疆界」的論述佔優，見〈「中國」名稱溯源及其近代詮釋〉，收入王爾敏《中國近代思想史論》(台北：華世出版社，1977)，頁 441–480。但是應當指出，在秦漢以後，這種文化意義上的「中國」逐漸也有了空間意義的大致範圍，這與秦漢統一之影響是分不開的。

書》才説，「唐興，蠻夷更盛衰，嘗與中國亢衡者有四：突厥、吐蕃、回鶻、雲南是也」，[45] 在「蠻夷」環繞中的「中國」，不就是秦漢以來奠定的那個「禹域」嗎？試看唐詩裏面，「不教胡馬渡陰山」、「西出陽關無故人」、「春風不度玉門關」這樣的詩句，雖然只是文學表達，但是卻深刻説明了陰山、陽關、玉門關所象徵的中國「內」與「外」的差異。

在很長的歷史時期中，這一區分中國「內」、「外」的觀念，形塑了「我者」與「他者」的分界，也影響歷代帝國形成可以接受的「爾疆」和「我界」。不妨看一個例子即著名的「唐蕃會盟」。安史之亂後，吐蕃進逼中國的核心區域，不僅是劍南、涇州、邠州，甚至進入長安，經歷多次折衝之後，在永泰元年 (765)、建中四年 (783)、長慶元年 (821) 唐朝與吐蕃三次談判，其中 783 年的那一次，特別規定了雙方邊界是「涇州西至彈箏峽西口，隴州西至清水縣，鳳州西至同谷縣，暨劍南西山大渡河東」，[46]「長慶會盟」時更明確説，「中夏見管，維唐是君，西裔一方，大蕃為主」。[47] 這也許是歷史上中國與他國第一次互相承認為「敵國」，也是彼此第一次明確劃分邊界，一直到宋代，這個「大渡河」都仿佛是明確的內、外分界。傳説中，宋太祖曾經在地圖上拿玉斧劃界，説大渡河以南的雲

---

[45]　《新唐書》卷二一五上〈突厥上〉，頁 6023。

[46]　《舊唐書》卷一九六下〈吐蕃下〉，頁 5247。

[47]　《舊唐書》卷一九六下〈吐蕃下〉，頁 5264。

南一帶都不再管了，所以，原本唐代還在中國之內的雲南南詔，到宋代就變成外國大理了。這個傳說有沒有根據？還是有的。[48]宋代建立之初，對於雲南只是有過象徵性冊封，辛怡顯《雲南至道錄》裏引用開寶二年(969)官方冊封文書就說，讓雲南王(驅諾)「統轄大渡河南姚、雟界，山前山後百蠻三十六鬼主」，這等於是以鄰為壑，把異族難題掃地出門。而且，此後的宋真宗還特意頒佈詔令(1009)，約束邊界軍民不要越過大渡河去滋事，「下詔戒敕，勿使相侵擾，又詔邊臣不得輒入溪洞，邀功生事」。[49]

「四夷、十國，皆非中國之有」，[50]儘管這有「政治不正確」的嫌疑，我還是要指出，近世以來只有宋代(960–1279)與明代(1368–1644)的基本空間是政治、制度與文化相對同質的「中

---

[48] 這個故事後世流傳甚廣，明代曹學佺《蜀中廣記》(四庫全書本，上海古籍出版社影印單行本《蜀中廣記〔外六種〕》，1993)卷三十四〈邊防四〉記載，「宋太祖平蜀之後，取地圖觀之，乃以玉斧畫大渡河曰：與夷為界。凡我疆吏，固守封圻而已。此閉之始也」，頁447上。又《明史》卷三一一〈四川土司一〉說，這是在建隆三年(962)王全斌平蜀之後的事情，「宋建隆三年，王全斌平蜀，以圖來上，議者欲因兵威復越雟，藝祖以玉斧畫圖曰：『外此，吾不有也』」，頁8035。但我在宋代文獻中沒有找到這個故事。

[49] 《續資治通鑑長編》卷七十二，頁1630–1631。

[50] 《新五代史》卷七十一〈十國世家年譜第十一〉引「問者曰」，頁881。

國」(即「漢族中國」),[51]因此在這兩個朝代,國家疆域、政治制度、文化風俗上都很「中國」,在國家「統一」和國家「統合」之間並沒有什麼太大的矛盾,它的政治管轄空間、文化輻射範圍與族群居住區域大體重疊。但問題是歷史上的中國分合卻沒那麼簡單,由於蒙元(1271–1368)與滿清(1644–1911)兩個王朝是征服王朝即異族統治,它們把政治管轄空間向外大大延伸,過去並非「中國」的異族地區逐漸併入帝國版圖。特別是奠定現代中國版圖的大清王朝,正如《清史稿‧地理志》所說,「東極三姓所屬之庫頁島,西極新疆疏勒至於葱嶺,北極外興安嶺,南極廣東瓊州之崖山,莫不稽顙內鄉,誠係本朝」。[52]當大清帝國把制度有差異,信仰各不同,文化分彼此的疆域與族群納入一個大帝國中,這就給現代「中國」的界定

---

[51] 《宋史》卷八十五〈地理一〉雖然說,「天下既一,疆理幾復漢、唐之舊」,但是實際上這個「幾」字就有些無奈,於是下面就說「其未入職方氏者,唯燕、雲十六州而已」。但是,其實遠不止燕雲十六州,西北和西南,很多地方都已經「不復漢土」,頁2094。以宋代幾幅著名的地圖,如《輿地圖》、《地理圖》、《華夷圖》來看,人們心目中的「中國」還是局限在傳統所謂「華夏」的核心區域。明代也同樣如此,《明史》卷四十〈地理一〉就說明王朝「東起遼海,西至嘉峪」,頁882。所謂「嘉峪關外,即非吾土」或「嘉峪關外,即為賊境」這樣的話,在明代幾乎就是常識。

[52] 《清史稿》卷五十四〈地理一〉,頁1891。

帶來種種困境。這一點我在〈解釋「中國」的困境 —— 從近世
歷史看中國的內與外〉中已經講到,這裏不再重複。[53] 更重要
的是,中華民國與中華人民共和國恰恰繼承了大清帝國的版
圖,特別是在外患頻仍的二十世紀,更以傳統中國的「大一統」
觀念,努力維繫這個內部族群與文化相當複雜的國家,[54] 並且
力圖使它以現代「民族國家」(Nation-State)的形態進入現代國
際秩序,這才使得「中國」之界定,出現了更加複雜與麻煩的
狀況。[55]

---

[53]　葛兆光〈解釋「中國」的困境 —— 從近世歷史看中國的內與
　　　外〉,載丘成桐主編《數理人文》(新竹:交通大學)第五期
　　　(2015年7月15日),特別是頁87–92。

[54]　參看葛兆光〈納「四裔」入「中華」?—— 1920–1930年代中國學
　　　界有關「中國」與「中華民族」的論述〉,載《思想》(台北:聯經
　　　出版事業公司,2014),頁1–57。

[55]　因此,日本從明治到昭和時代就對中國的這些周邊尤其是滿
　　　蒙有領土要求。其中最典型的論述,是矢野仁一(1872–1970)
　　　在二戰前的論著,他認為蒙古、西藏、新疆以及滿洲這些「邊
　　　疆」,是「滿洲帝國的領土,不是中國的領土,隨著滿洲帝國
　　　的滅亡,它應當與中國斷絕關係,恢復自由獨立」。見其〈支
　　　那無國境論〉(1921)、〈支那は國に非る論〉(1922)和〈滿蒙藏
　　　は支那本來の領土に非る論〉(1922)等,均載《近代支那論》
　　　(京都:弘文堂書房,1923),頁1–8,9–30,92–112。應當指
　　　出,矢野仁一的錯誤在於他用歷史中國的疆域來規定現代中國
　　　的領土,這樣就忽略了疆域/領土從傳統帝國到現代國家的變

四　有疆無界：移動的「周邊」

　　無法清晰地界定「中國」，也難以清楚地界定「周邊」，承認歷史上「中國」是移動的，同樣也得承認「周邊」也是移動的。[56]正如拉鐵摩爾 (Owen Lattimore，1900–1989) 所説，古代中華帝國沒有「邊界」(boundary) 只有「邊疆」(frontier)，[57]

　　　　遷，現代國家的領土未必都必須回到傳統時代的疆域，領土的
　　　　合法性是另一個問題。由於日本在這方面的論述，密集地出
　　　　現在二十世紀中國面臨日本等帝國主義侵略的時代，因此，它
　　　　並不是歷史和學術討論的問題，相反更加刺激中國學界對統一
　　　　的「大中國版圖」即大清帝國疆域的認同，也促使繼承大清帝
　　　　國的中華民國與中華人民共和國，更加堅定地維護清朝奠定的
　　　　版圖。參看前引葛兆光〈納「四裔」入「中華」？〉。
[56]　特別需要説明的是，在「周邊」來看「中國」，「中國」就是它的
　　　　「周邊」，就像古代日本與朝鮮的古物與文獻中，常常出現的
　　　　「天下」以及「中華」等詞匯 (例如日本九州熊本船山古墳出土鐵
　　　　刀就有銘文「天下」)，表明他們也曾以自我為中心，視本國為
　　　　天下，而以中國為邊鄙一樣。參見西嶋定生《日本歴史の国際
　　　　環境》(東京：東京大學出版會，1985)，頁77–78。
[57]　拉鐵摩爾《中國的亞洲內陸邊疆》(唐曉峰中譯本，南京：江
　　　　蘇人民出版社，2005) 第八章〈過渡帶〉：「我們必須分辨邊疆
　　　　(frontier) 與邊界 (boundary) 這兩個名詞。地圖上所劃的地理
　　　　和歷史的邊界只代表一些地帶——邊疆——的邊緣」，「地圖
　　　　上的界線只是帝國從中心向外發展的限度表現，這種表現也
　　　　只是一個大概」。(頁163–166) 吉登斯《民族-國家與暴力》也

不能用現代中國的邊界來區分歷史中國的「內」與「外」，現代國家領土的合法性，與歷史王朝疆域的變遷，不完全是一回事。當我們用現代國家的邊界來區分「內」、「外」，不僅會忽略歷史疆域的變化，也會無形中把傳統帝國差異性很大的疆域同質化了，而那些原本可能重要的「之間」，也就是「邊緣地帶」和「邊地族群」，就會被當作歷史上可有可無的因素，在觀察視野中隱沒，在歷史敘述中刪除。可是，當我們意識到這種「內」和「外」在歷史過程中，只是移動的和暫時的，那麼，缺席的它們可能會在歷史上重新顯現，並且為我們重新理解歷史，提供過去所忽略的立場、視角和問題。

因此我要說，從**歷史過程**來看，中國的「周邊」不僅僅是現在仍然在國境之外的朝鮮、日本、(外)蒙古、印度、越南、緬甸、印度、巴基斯坦等等「外國」，也許還應當包括已經在現代中國國境內，但歷史上不一定是「中國」的「周邊」，如古代的南蠻北狄東夷西戎，近代的滿蒙回藏苗彝地區等等。

引用拉采爾 (Ratzel) 的說法，區分了「國界」與「疆界」，並且也指出傳統國家與現代民族國家的差別是「前者有邊陲 (frontiers) 而無邊界 (boundaries)」，頁 59，98。

貳

成為「中國」:「外」何以成「內」

　　接下來我將討論,歷史上原本並不是「中國」的「周邊」,其中一些地區是如何從「周邊」成為「中國」的。

　　雖然古話說「裔不謀夏,夷不亂華」,似乎「華」、「夷」之間早有清晰的界線,但在疆域上其實並不像「楚河漢界」那樣明確。古代帝國並不像現代國家那樣有清晰的爾疆我界,華夷之間,儘管在觀念和文化上可能分得清楚,但在空間上卻像光譜上漸變的過渡帶一樣很難一刀兩斷,而且常常你進我退經常移動。依照傳統觀念,可以簡單地說,在古代中國歷史上有華夏共同體之核心地區,有叛服不常的羈縻地區,也有遠道而至的朝貢之國,正如費正清 (John Fairbank) 所說的,大體上

是三個同心圓。[1] 圓心是「王畿」，外面第一圈相當於《國語‧周語》所謂「天下五服」制度的「甸服」、「侯服」，這是歷史上的中國之「內」；第二圈則是「綏服」與「要服」，這是「內」與「外」的過渡帶，也是中外之間的緩衝區，它可以納入版圖成為「中國」，也可以脫離控制成為「外國」；[2] 第三圈就是古人所謂「荒

---

[1]　費正清 (John Fairbank，1907–1991)：*The Chinese World Order* (Cambridge: Harvard University Press, 1968) 指出，歷史上，中國自認涵蓋了一個「中國區」，這個「中國區」包括韓國、越南、琉球，有時還加上日本，這是中國之外的中國文化區域；同時還包括「內區」，即一個由非漢人的滿人、蒙古人、維吾爾人、土耳其人和西藏人所組成的外圍區域，這是為了安全理由必須加以控制的「內區」；再加上更遠的，一個由化外之民所組成的「外圍區」，但他們會向中國進貢，並承認中國的優越地位。他引用 Samuel S. Kim 和 Lowell Dittmer 的 *Whither China's Quest for National Identity* (1991) 一書指出，歷史上的中國，對「內」和「外」缺乏明顯的界線，「他們的世界秩序只是內部秩序的增長，也是中國文明認同的擴大和投射」，因此可以成為「越來越大的同心圓」。他還指出，他們不容易接受多元和多極的世界觀念，習慣於接受主從、上下、等級式的世界秩序。他認為，這個觀念一直延續到當代，「當代中國文明仍然依賴類似的模式來構建」，見 p. 315。

[2]　濱下武志《近代中國的國際契機》(朱蔭貴中譯本，北京：中國社會科學出版社，1999) 對於這個第二圈有如下描述：「在周邊通過土司、土官使異族秩序化，以羈縻、朝貢等方式統治其他地區，通過互市關係維持著與他國的交往關係，進而再通過

服」，這對於歷史中國來說就是「外」，古人所說的「南蠻北狄西戎東夷」都可以算在內，還可以包括鞭長莫及的更遙遠的外國。漢代初期成書的《禮記·王制》曾説，「中國、戎夷、五方之民，皆有性也，不可推移」，[3]不能指望他們從蠻夷成為華夏。因此，討論「中國」與「周邊」問題的關鍵，在於如何觀察和理解內、外之間的第二圈。用古人的話説，他們介於華夷之間，可以「綏」可以「要」可以「羈縻」，他們有時是「蠻夷猾夏」，有時也「叛服不常」，但古代大一統中華帝國的理想，最終是要把它們從「外國」變成「中國」。

一　從《職貢圖》説起：
「朝貢之邦」與「神州帝宅」

不過，這些在所謂「華夏」看來「非我族類」的「蠻夷」，雖然在現在的地理觀念中，好像它們指的是滿蒙回藏鮮倭等「周邊」，其實，在古代中國它們往往就在「肘腋之間」。《詩經·小雅·南有嘉魚之什》中所謂「蠢爾蠻荊，大邦為讎」，《史記·楚世家》中熊渠所說「我蠻夷也，不與中國之號諡」，以及後世

以上形態，把周圍世界包容進來。」（頁35）
[3]　《禮記正義》（中華書局影印本《十三經注疏》）卷十二，頁1338。

文獻中的「濮」、「溪」、「洞」、「蠻」等等，其實說的就是荊楚和圍繞荊楚之周邊的諸蠻百夷，在古人（主要是古代漢族中國人）看來，這些「荊、交之區」、「巴、庸之外」並非「中國」，這些族群也「非我族類」，《後漢書·南蠻西南夷傳》中說他們「服叛難常，威澤時曠」，一旦被中國征服，「則緩耳雕腳之倫，獸居鳥語之類，莫不舉種盡落，回面而請吏」，如果一旦中國衰落，他們又會反叛擾邊，所以根本不應當把他們算在「禹域之內」。[4]但是，在現在看來，他們就是中國南方族群，按照現代中國的國界，他們就在華夏域內。[5]

這些空間和族群，在歷史上的歸屬相當複雜。[6]為了使

---

[4]　《後漢書》卷八十六，頁2860。

[5]　參看松本信広〈蠻夷名義考──支那古代東南に住せる民族の名称について──〉，載氏著《東亜民族文化論攷》（東京：誠文堂新光社，1968），頁524–585。

[6]　有人使用Richard White研究美國印第安人與歐洲人關係史時所用的「中間地帶」(the middle Ground) 概念，來討論中國的少數族群與邊緣地帶，如紀若誠（C. Pat. Giersch）的 "A Motley Throng: Social Change on Southwest China's Early Modern Frontier, 1700–1800"（〈混雜的人群：中國西南前近代早期邊疆的社會變遷〔1700–1800〕〉），沈海梅中譯本，見陸韌主編《現代西方學術視野中的中國西南邊疆史》（昆明：雲南大學出版社，2007），頁145–146。我注意到，國內也有學者在討論這些區域的時候，用了「內地的邊緣」的概念，如魯西奇〈內地的邊緣：傳統中國內部的「化外之區」〉，載《學術月刊》（上海）

論證更簡明，請允許我引用2015年的一次演講。在這一演講中，我曾以梁元帝《職貢圖》為例討論六世紀(準確地說是526–539年前後) 南朝梁代的官方與士大夫對「天下」、「中國」和「周邊」的認知。[7] 梁元帝所繪《職貢圖》呈現了那個時代上層人士的「國際」知識，這些知識可以映證《宋書》、《梁書》和《南史》等正史文獻。在《職貢圖》所繪諸國之中，有滑(在今新疆車師)、波斯(今伊朗)、百濟(今韓國)、龜茲(在今新疆庫車)、倭(今日本)、宕昌(今甘肅南部，羌人)、狼牙修(今馬來半島西岸之 Lankasuka)、鄧至(甘南川北，羌人)、周古柯(在今新疆)、呵拔檀(在今塔吉克斯坦境內)、胡蜜丹(在今新疆)、白題(匈奴種，在西域更西，今阿富汗靠近伊朗)、末(在今土庫曼斯坦)、高句麗(今韓國)、于闐(在今新疆)、新

2010年第5期。他認為使用這一概念，可以避免古代中國的「同心圓」的觀念，至少可以證明這個同心圓是「千瘡百孔」、「支離破碎」的，「即使在帝國統治的腹心地帶，也存在著這樣的空隙」，(頁128) 這有一定道理，但我個人覺得，這個說法一是根據現代中國預設了先有一個大中國，否則不能認為這是「內地」的「邊緣」，二是強調了帝國空間的破碎和空隙，但也不妨考慮帝國文明輻射和政治控制滋蔓，正如他自己所說的，一方面「注意到這一系統的內部差異」，一方面「致力於探究這一系統的『形成過程』」。

[7]　葛兆光〈成為文獻：從圖像看傳統中國之「外」與「內」──在上海博物館的講演〉，載《文匯報‧文匯學人》2015年11月13日。

羅(今韓國)、渴盤陀(在今新疆塔什干)、武興藩(在秦嶺西)、高昌(在今新疆)、天門蠻(在今湖南西部,有人說是土家族的祖先)、建平蠻(今四川巫山一帶)、臨江蠻(今湖北一帶),還有中天竺、北天竺(今印度)和獅子國(今斯里蘭卡)。可以注意的是,這二十五國中,如果按照現代中國版圖來看,即使不算位於如今新疆地區的西域諸國,宕昌、鄧至、武興藩、天門蠻、建平蠻、臨江蠻這六處,不僅都在現代中國國境之內,甚至也在古代秦漢所設郡縣範圍之內,但是在那個時候,人們心目中它們卻是「朝貢之邦」,所以才會被畫入「職貢圖」。[8]

有趣的是,在《職貢圖》中,觀念的異邦卻不包括北方的鮮卑魏。儘管當時南北分治,你把我叫做「島夷」,我把你叫做「索虜」,但仿佛還是「一個中國,各自表述」。顯然,在當時南朝梁代君臣士大夫心目中,北魏、南梁確實是「南北朝」,當然也是敵國。儘管事實上是「兩個中國,一邊一國」,但問題只是誰才是政治的中國與文化的正統而已。從北方南下入主中原的鮮卑王朝,不僅要爭奪「中國」之名,而且也試圖接過「中國」之實,《魏書‧禮志》中有一些記載很有意思,北魏不僅用秦漢帝國傳統的立壇祭天之儀、南郊

[8]　有關《職貢圖》的研究,特別要指出日本學者榎一雄的開創之功,參看他的〈職貢圖の起源〉、〈梁職貢圖について〉、〈梁職貢圖の流傳について〉等論文,載《榎一雄著作集》(東京:汲古書院,1994)第七卷《中國史》,頁83–189。

祭祀五帝日月星辰，也用秦漢帝國之祖廟制度、五岳祭祀，並且「採漢魏故事，撰祭服冠履牲牢之具、罍洗簠簋俎豆之器」。北魏最重要的文化政策制定者叫高閭，他曾經說，「居尊據極，允應明命者，莫不以中原為正統，神州為帝宅」，[9] 秦漢奠定的這個「中國」，已然成為帝國神聖性的依據和臣民歸屬感的基礎。所以，南北方都要自稱中國自命正統，就是從外而內的異族，一旦進入「中國」，就不覺得自己是「蠻夷戎狄」，卻把更遠的異族視為「蠻夷戎狄」。《魏書》卷五十四〈高閭傳〉就記載高閭給拓跋氏鮮卑皇帝上疏，其中居然說「北狄悍愚，同於禽獸」、「狄散居野澤，隨逐水草」，應該「於六鎮之北築長城，以禦北虜」。[10] 有一件事情很有意思，《南齊書》卷五十八〈東南夷〉中記載，南齊顏幼明到北魏出使，對於北魏在儀禮中把南齊與朝貢屬國高麗並置相當不滿，顏幼明對北魏皇帝以及負責外交禮儀的主客郎中抗議說，「我等銜命上華，來造卿國，所為抗敵，在乎一魏。自餘外夷，理不得望我鑣塵。況東夷小貊，臣屬朝廷，今日乃敢與我躡蹝」。[11] 這說明在這一點上，北方之魏與南方之齊，倒是不約而同自期「中國」，而把高句麗、百濟、勿吉、契丹、氐、宕昌、鄧至、蠻、獠、西域、蠕蠕、林邑、扶南、倭國等，列

---

[9] 《魏書》卷一〇八〈禮志一〉，頁 2734–2743，特別是頁 2744。

[10] 《魏書》卷五十四〈高閭傳〉，頁 1201。

[11] 《南齊書》卷五十八〈東南夷〉，頁 1009–1010。

在過去記載「周邊」的「蠻夷」部分，算是朝貢之國。[12]

二 「胡化」與「漢化」：帝國向南再向南

雖然中國並不總是「統一」，但如果從「統合」角度看，人們還是覺得秦漢所奠定的那個範圍內才是「中國」。在西北方向，地處嘉峪關內今陝甘寧等地的河南、宕昌、鄧至、武興，仍被排在高句麗、百濟、新羅、倭國、扶桑之後，列入

[12] 這裏以《魏書》和《宋書》為例。不過需要指出，《魏書》有關四裔的部分即從卷一百至一百四，錢大昕已經指出，原書已逸，現在的部分其實是用《北史》補的，但仍不妨看做統一之後南北方對於四裔的「共識」。其中，《魏書》卷一百有高句麗、百濟、勿吉、失韋、豆莫婁、地豆于、庫莫奚、契丹、烏洛侯，卷一百一有氐、吐谷渾、宕昌、高昌、鄧至、蠻、獠，卷一百二有西域(包括都善、且末、于闐、車師、焉耆、龜茲、烏孫、疏勒、粟特、波斯、大月氏、大秦等等)，卷一百三有蠕蠕(另有匈奴宇文莫槐、徒何段就六眷及高車)；《宋書》有關四裔的部分中，卷九十六有鮮卑、吐谷渾，卷九十七是蠻夷(包括林邑、扶南、呵羅單、闍皇國、闍達國、闍婆婆達國、獅子國、天竺迦毗黎國、高句麗、百濟、倭國、荊、雍州蠻、豫州蠻)，卷九十八有氐胡(包括清水氐楊氏，在仇池即武興、盧水胡沮渠蒙遜)。

「夷貊」；[13] 西南方向，在今天並非「邊疆」已是「內地」的川黔鄂湘，當時也還是「周邊」，荊州、雍州、豫州之蠻人，也還是被叫做「蠢爾蠻荊，大邦為讎」，與西域高昌、滑國、龜茲諸國同列一傳。[14] 顯然，這就是當時人對於「禹域」、「華夏」或「中國」的共識，當時政治疆域雖然拓展，而對周邊之文化、族群卻尚未「統合」。周一良 (1913–2001) 曾指出，南豫州、郢州、湘州、荊州、司州、雍州的「蠻」，湘廣的「俚」、江州、潯陽、南昌、武陵的「溪」、荊州、梁州、益州的「僚」和揚州的「山越」，都未必成為華夏之人，還要有軍事征服和大量殖民，才能使這些地方逐漸成為「中國」。[15] 譚其驤 (1911–1992) 也曾專門寫〈湖南人的由來〉和〈近代湖南人中之蠻族血統〉指出「湖南地在古為苗、蠻所居，本非漢家之故國。依理除苗、蠻外，自無所謂土著；凡是漢人，莫非他處所徙移而來者」。

---

[13] 《南史》卷七十九〈夷貊下〉，河南王是鮮卑人，在涼州西南；宕昌是「西羌種也」，在益州西北隴西之地；鄧至是「羌別種也」，在西涼州；武興國本即仇池，在秦嶺之西（《梁書》卷五十四說，它在長安西九百里，漢中北四百里，岐州南三百里，宕昌東八百里），雖然「言語與中國同」，但也不被看作「禹域之內」，仍是「蠻夷猾夏」的異邦，頁 1977–1980。

[14] 《南史》卷七十九〈夷貊下〉，頁 1980–1982。

[15] 周一良〈南朝境內之各種人及政府對待之政策〉，《周一良集》(瀋陽：遼寧教育出版社，1998)《魏晉南北朝史論》第一卷，頁 37–118，特別是頁 52–66。

其中，最重要的就是在中古時期，特別是東晉之後「華夏民族之第一次大南徙」，正由於漢族人大量殖民，因此湖南漸漸「統合」成為「中國」之內，所以從「隋之開國至於唐開元」，一直沒有蠻亂的記載，譚其驤猜測，在這個時代，那裏的蠻族「已皆歸化為王民乎」。[16]

1914年，日本學者桑原隲藏（1871–1931）曾經提出一個說法，說「中國歷史從某一方面來看，可以說是漢族文化南進的歷史」。他認為，魏晉以後一千年「正是中國文化中心移動的過渡期，這一過渡期開啟的關鍵就是晉室南渡」。[17]其實可以補充的是，這同時也是北方異族不斷南下的時代，甚至整個中國史大趨勢，也都可以說，就是異族從北方南下，融入漢族，漢族本身，也逐漸胡化；漢族從中原南下，將南方漢化，漢族本身，也逐漸蠻化。也就是說，隨著戰爭、移民和開發，巴菲爾德（Thomas J. Barfield）所說的北方匈奴、鮮卑、突厥、契丹、女真、蒙古、滿洲等異族一波一波地南下，[18]

[16]　譚其驤〈湖南人由來考〉，《長水粹編》頁163–233，特別看頁168。又譚其驤〈近代湖南人中之蠻族血統〉，亦載《長水粹編》頁234–271。

[17]　桑原隲藏〈晉室の南渡と南方の開發〉，載《藝文》第五年（1914）第十號，頁13。

[18]　參看巴菲爾德（Thomas J. Barfield）《危險的邊疆——遊牧帝國與中國》（袁劍譯，南京：江蘇人民出版社，2011），簡明的方法可以看頁17的圖表1.1〈統治周期：中原的主要朝代及蒙古

漢族的政治-文化核心區域漸漸「胡化」，而原來北方的漢族又一波又一波地南下，中古時期就在南方設置郡縣，甚至在異族地區設置特殊的左郡左縣、獠郡、俚郡，這使得南方原本百越荊蠻洞溪區域漸漸「漢化」。[19]除了晉室南渡之外，唐代安史之亂、北宋靖康之變也引起人口與文化的南遷，[20]明清的移民更導致漢族政治文化區域之擴大，正如移民史研究者所說，「西晉末永嘉年間(307–312)開始，唐代安史之亂(755年)後和北宋靖康之亂(1126年)後的三次人口南遷都有100萬以上至數百萬的規模，明朝初年的大移民涉及的人口更多」，明代的大量移民和明清的改土歸流，更使得原本百越荊蠻溪洞所在

地區的草原帝國）。

[19] 日本學者谷口房男討論南朝設立「左郡左縣」時說，那個時代把民眾分成「民」、「夷」和「遠夷」，「遠夷」且不論，南朝始終試圖把「夷」改造成「民」，對於一時無法改造成「民」的「夷」，就設置左郡左縣、獠郡、俚郡來控制，這種「在異族區域設置特殊的郡縣，擴大了華夏支配的地域，也意味著這一地域的『中國化』或『中華化』，這也意味著中華世界的擴大」。見谷口房男〈南朝の左郡左縣ついて〉，載《東洋大學文學部紀要》(東京，2003) 第57集 (史學科篇) 29號，頁13。

[20] 就連蒙古統治下的元代，也曾經在這種「統合」上起了很大作用，《元史》卷五十八〈地理一〉「嶺北、遼陽與甘肅、四川、雲南、湖廣之邊，唐所謂羈縻之州，往往在是，今皆賦役之，比之於內地」，「賦役之」就是納入國家編戶，「比內地」就是成為「中國」，頁1346。

的地區，漸漸從「外」而「內」，成為「中國」。[21]

當然，古代中國的歷史太長，疆域變化也極為複雜，這裏無法一一細說。我想，需要指出的是以下三點：

第一，「中國」作為政治-文化核心區域，從秦漢奠基之後就大體穩定並延續，但是它並不一定是固定的政治王朝，有時候它是天下帝國的核心區域（如秦漢隋唐），有時候它橫跨分裂的若干帝國（如南北朝），有時候它與收縮的帝國重疊，或者幾乎就是帝國（如宋明），有時候它與異族王朝的疆域並不重疊卻是帝國核心區域具有政治-文化認同意識的共同體（如蒙元、滿清）。

第二，歷代王朝之疆域，會隨著戰爭與移民而變化，但無論帝國疆域如何變化，這一「中國」始終存在，換句話說就是，即使沒有統一帝國，但「中國」卻始終存在。儘管它曾「胡化」與「漢化」交錯，既有北方的漢族胡化和胡族漢化，也有南方

---

[21]　參看葛劍雄主編《中國移民史》（福州：福建人民出版社，1997）第一卷〈導論〉，頁 11–12。另外，何偉恩（Harold Wiens）則認為，向南方移民大潮的出現，乃是由於戰爭與動亂、異族入侵、天災與饑荒、人口與土地等等因素，除了前面三次之外，18世紀也是一個重要的時代。見 Harold Wiens, *China's March toward the Tropics: A Discussion of the Southward Penetration of China's Culture, People, and Political Control in Relation to the Non-Han-Chinese People of South China and in the Perspective of Historical and Cultural Geography* (Hamden: Shoe String Press, 1952), pp. 3–4。

的蠻族漢化與漢族蠻化，但是「中國」這個政治-文化共同體，在這種歷史變遷中，仍然維繫了它的基本特性，並從中心向周邊擴大。

第三，以政治控制、族群生活、制度趨同三個指標來看，古代中國之擴大，是一個不斷征服、移民和併入的過程。首先是政治控制，隨著王朝軍事征服，也就是「命將出師，恣行誅討」，往往最先使其成為帝國疆域；[22] 其次是族群的生活空間，隨著移民（或者殖民）的日益加速度，越來越多的區域也漸漸「漢化」而成為「中國」；但最後則是制度趨同和文化認同，這也許要到各個原本自治的夷狄蠻戎區域，最終如明清之改土歸流或如日本之撤藩置縣，才使得這個地區改變了文化與生活方式，這才算真正成為「中國」。

---

[22] 《宋書》卷九十七〈夷蠻〉「史臣曰」中就承認，「四夷孔熾，患深自古，蠻、獠殊雜，種眾特繁，依深傍阻，充積畿甸，咫尺華甿，易興狡毒，略財據土，歲月滋深」，所以，從元嘉年間大約五世紀四十年代開始，劉宋「命將出師，恣行誅討，自江漢以北，廬江以南，搜山盪谷，窮兵罄武，繫頸囚俘，蓋以數百萬計」。（頁2399）

三　宋明之「中國」：仍是「九州」？

隋唐之後的若干世紀中，帝國疆域贏縮變動當然很劇烈，但是，自從宋代最終形成漢族中國的「中國」意識之後，從宋到明，人們觀念中的「中國」，大概仍然是秦漢奠定的核心區域[23]——

以宋代為例，北宋的北部已經沒有燕、雲十六州，西邊的靈、銀、夏諸州則被西夏所佔，敦煌更早已鞭長莫及，東南方雖然如劉子健所說，可以「背海立國」，[24]但西南方面卻在收縮，就連宋朝士人官僚都認為，「沿邊納土」沒有意義，因為「入版圖者存虛名，充府庫者無實利」，所以，對於經營西南並不很熱心。[25]很長時間裏，宋朝都把「重山複嶺，雜厠荊、楚、

---

[23]　本書完稿後，看到成一農〈從古地圖看「中國」疆域認同的演變〉（載「古地圖中的絲綢之路」國際學術研討會論文集，復旦大學歷史地理研究中心，2016年8月15–16日，頁114–122），這篇論文以宋代以來的各種古地圖為分析資料，指出「從宋代至清代前期，雖然各王朝統治下的疆域範圍存在極大差異，但各王朝士大夫的疆域認同的範圍幾乎是一致，基本局限在明朝兩京十三省範圍，只是在明朝開始將台灣囊括在內」。（頁121）這一分析可以參考。

[24]　劉子健〈背海立國與半壁江山的長期穩定〉，收入《兩宋史研究彙編》（台北：聯經出版公司，1987），頁21–40。

[25]　馮楫〈上徽宗論沿邊納土三害〉，載趙汝愚編《宋朝諸臣奏議》（上海：上海古籍出版社，1999）卷一百四十三，頁1627。

巴、黔、巫中，四面皆王土」的西南溪洞諸蠻，算在「王土」之外，在人種上他們是「盤瓠種」與漢族本不同祖，在政治上從古代以來都只屬於「要服」，雖然隋唐以來，已經設置州郡縣（辰、溪、巫、叙、永等州），但到宋代仍然「樹其酋長，使自鎮撫」，和他們「立銅柱為界」。[26] 所以，儘管那個時代的漢族中國士大夫，在夢中總是想像「盡復漢唐故地」，但他們意識中的「中國」，其實還是秦漢以來那塊漢族核心區域。

再說明代，明王朝主要經營的是漢族為主的十五省，儘管比原本核心區域略有擴大，但畢竟變化有限，《明史·地理志》所說「東起遼海，西至嘉峪，南至瓊、崖，北抵雲、朔」，[27] 好像很廣大，但實際疆域也只是傳統漢族核心文化區域，嘉峪關外已經不是「中國」。在那個時代，很多人對於西北，不僅因為其荒漠遙遠，而且因為文化不同，漢唐宋以來為匈奴、突厥、契丹所據的西方北方，其實，在明朝官方與民眾的意識中，也早已「非吾土」了，所以，明代才會有所謂「九邊」以及作為「邊墻」的長城。不妨看一件小事，明初大將馮勝在洪武二年（1369）攻佔了河州（今寧夏臨夏），由於這一帶從十二世紀以來的兩百多年間，始終是異族統治，所以馮勝也「以為化外之地不可守，就下令將城樓、倉庫、房屋盡行焚燒殆盡，拘虜南歸」，結果是「自臨洮至積石關三百餘里，屍骨遍野，人

---

[26] 《宋史》卷四九三〈西南溪峒諸蠻列傳一〉，頁 14171–14172。
[27] 《明史》卷四十〈地理一〉，頁 882。

烟一空」。可見，在當時漢族將領心目中，河州之外就是「化外」的異域。[28]

我們不妨再看明萬曆年間羅曰褧的《咸賓錄》，他在描述大明國的「北虜」、「東夷」、「西夷」、「南夷」時，是把長城以北的兀良哈、韃靼，鴨綠江以東的朝鮮，嘉峪關以西的哈密、高昌、吐魯番、于闐、吐蕃，五嶺以南的占城等等，都算作中國之外的「夷狄」的，他心目中的「大明」顯然只是十五省。就連已經納入十五省的雲南、貴州一帶，如曲靖、播州、八百以及貴州的苗彝，也被他算成「南夷」。有些例外的是，由於西南雲南、貴州、廣西的一些地區，「今皆奉我正朔，或供命納輸，或聽調奉貢」，[29]所以它半內半外，明王朝採取了另一種政策，一方面設宣慰司、宣撫司、招討司、安撫司、長官司來安置土司，[30]一方面大規模移民，使得這些地區族群越加雜糅，再加上嚴厲的征伐攻掠，如景泰年間，方瑛在貴州「克砦幾二千，俘斬四萬餘」，吳復在雲南「平七百房諸寨，斬獲萬

---

[28]　《紀事錄》卷下，見俞本撰、李新峰箋證《紀事錄箋證》(北京：中華書局，2015)，頁318。
[29]　羅曰褧《咸賓錄》(北京：中華書局，2000)「序」，頁13。
[30]　不僅是如今可以算在「中國」的車里(今雲南景洪)，甚至連現在應當看成「外國」的八百(在今泰國西北部清萊至清邁、昌盛一帶)、老撾(今老撾，Laos)等「古不通中國」的地方，元明兩代也相繼設了宣慰使司，見《明史》卷三一五〈雲南土司三〉，頁8156–8160。

計」，[31] 萬曆年間更是用了一百零四天，兵分八路討伐播州楊應龍，「共斬級二萬餘」，使得從唐代以來傳了八百年二十九代的楊家土司就此終結。[32] 這樣，漢族文明也越來越多地進入這些原本所謂「蠻夷」的地區。因此在這十五省中，原本蒙元時期尚有族群雜居的區域漸漸融合，形成了政治、制度與文化大致具有同質性的大明帝國，使這些叫做「十五省」的區域漸漸「成為中國」。

四　歷史的頓挫：大清帝國的擴張

可是歷史出現了一個頓挫，十七世紀中葉之後，大清帝國的擴張，卻把中國的「統一」和「統合」的距離拉大了。天命九年 (1625) 後金降服蒙古科爾沁部，天聰九年 (1635) 大清滅蒙古察哈爾部，順治元年 (1644) 清兵入關盡佔明朝之地，康熙二十二年 (1683) 收復澎湖、台灣，康熙二十七年 (1688) 漠北的喀爾喀蒙古三部 (土謝圖汗部、車臣汗部、札薩克汗部) 臣服，二十九年 (1690) 康熙親征準噶爾，到康熙三十五年 (1696) 打敗準噶爾，整個內外蒙古、青海等地區都歸入版圖；接下來從雍正六年 (1728)，清朝在西藏設置「駐藏辦事大臣衙門」，

---

[31]　分見《明史》卷一六六〈方瑛傳〉，頁4487；卷一三〇〈吳復傳〉。

[32]　《明史》卷三一二〈四川土司二〉，頁8049。

到乾隆五十七年 (1792) 打敗廓爾喀 (尼泊爾) 入侵，制定《藏內善後章程》，清廷派福康安到西藏確定金瓶掣簽制度，西藏也大體進入大清王朝之政治控制範圍；最終乾隆二十二年 (1757) 清兵進入伊犁，二十四年 (1759) 進入喀什噶爾 (新疆喀什) 和葉爾羌 (新疆莎車)，佔有了新疆 (回部)。至此，中國成為合「五族 (滿蒙回藏漢)」或者「六族 (滿蒙回藏漢苗)」為一體的超級大帝國。

在這一大帝國中，滿、蒙、回、藏雖然在政治上納入大清，可以稱為「統一」，但在宗教信仰、族群居處和制度建置上卻並沒有完成「統合」，這些新納入的疆域始終在另一種制度之下，倒是從明朝開始到雍正時代基本實現的「改土歸流」，真正把西南的苗、彝由原來的土司土官治理，變成國家控制下的州、府、縣、廳，[33] 原來「苗猓無追贓抵命之憂，土司無革職削

---

[33]　江應樑指出，改土歸流從洪武二十一年 (1388) 沐英征服越州的龍海、阿資，設越州衛開始，一直有改土歸流的舉措，清代順治十六年 (1659)，元江改流，康熙四年 (1665 年) 蒙化改流，同一年，革除教化、王弄、安南三個長官司，設立開化府，實際上到雍正年間仍然沒有完結，根據魏源《聖武記》的記載，雍正時代四川還有長官司 (土司) 二十六、貴州有長官司六十二，廣西有長官司三、雲南就更多了，有長官司三、土府四、土州四等等，參看江應樑〈略論雲南土司制度〉，原載《學術研究》(昆明) 1963 年第 5 期，後收入《江應樑民族研究論文集》(北京：民族出版社，1992)。

地之罰」的化外之地，終於成為制度趨同的「中國」之區域。[34]

　　歷經康雍乾三朝(1662–1795)一百多年之後，這個龐大的帝國已經定型。[35]嘉慶二十五年(1820)，清朝重修《一統志》。在這部描述整個帝國的文獻中，大清帝國的疆域包括了二十七個區域，除了原來所謂「內地十八省」之外，還包括滿族龍興故地的「盛京三將軍」(盛京即奉天將軍、吉林〔初為寧古塔〕將軍、黑龍江將軍)，以及逐漸開拓，並由理藩院管理的蒙、藏、準、回等。可是，這時的「中國」不再是原來意義上簡單的民族(漢族)和國家(中國)重疊。[36]當這些滿、蒙、回、藏、

---

[34]　魏源《聖武記》(上海古籍出版社影印《續修四庫全書》史部第402冊)卷七，頁303。

[35]　歐立德(Mark Elliott)《乾隆帝》(青石中譯本，北京：社會科學文獻出版社，2014)說「在乾隆統治之下，大清疆域令人吃驚地擴大了1/3，奠定了今天中國疆域的基本形狀」。(頁124)不過，可以稍加補充的是，這一疆域的形成可能並非乾隆一朝，而是康雍乾三朝不斷擴張的結果。

[36]　元代將傳統中國地區分十一行省，即陝西、四川、甘肅、雲南、湖廣、江西、江浙、河南、遼陽、嶺北、征東；而明代疆域則分為「十五布政司」，即兩京(京師、南京)以及山東、河南、山西、陝西、四川、江西、湖廣、浙江、福建、廣東、廣西、雲南、貴州；清代則分十八省，即直隸、江蘇、安徽、山西、山東、河南、陝西、甘肅、浙江、江西、湖北、湖南、四川、福建、廣東、廣西、雲南、貴州。因為元代叫做「行省」，所以明代和清代也可以稱「省」。

苗都成為「中國」，而此後的「中國」又從一個傳統帝國不得不轉型為現代國家的時候，就出現了種種複雜的問題。

參

成為「外國」:「內」何以成「外」

　　從總的趨勢來看,古代中國從秦漢到隋唐,帝國疆域向「周邊」漸漸擴大,由於戰爭、移民和通商等因素,前面所說的第二圈,一些地方漸漸成為「中國」,一些異族漸漸融入「華夏」,形成龐大的所謂「天下帝國」。比如,初唐時代分天下為十道,「凡州府三百五十八,縣一千五百五十一」,《舊唐書‧地理志》說,貞觀十三年(639)平定突厥和高昌以後,唐王朝「北踰陰山,西抵大漠,其地東極海,西至焉耆,南盡林州南境,北接薛延陀界。凡東西九千五百一十里,南北萬六千九百一十八里」。[1]不過話說回來,即便如此,仍有越山

[1]　《舊唐書》卷三十八〈地理一〉,頁1384–1385。按:開元年間,又「分天下為十五道」,有郡府三百二十八,縣一千五百七十三,

限海或戈壁沙漠所隔之「異域」，盛唐狄仁傑所說的一段話可以用來描述這種帝國疆域，「天生四夷，皆在先王封疆之外。故東拒滄海，西隔流沙，北橫大漠，南阻五嶺，此天所以限夷狄而隔中外也」。[2]換句話說，在東邊滄海、西邊流沙、北面大漠、南面五嶺之間是當時自認的「中國」，而再往外自然就是「夷狄」或「外國」了。[3]

不過，這個廣袤疆域只是帝國聲威所至、武力征服的範圍，還不一定是制度和文化上的疆域，即使是已經「著於令式」的羈縻州，也未必可以算成「中國」。[4]要使這些地方盡成

頁1385。

[2]　《舊唐書》卷八十九〈狄仁傑傳〉，頁2889。

[3]　按照這個說法，五嶺之南，就不是中國，這可以讓我們理解何以出身於廣東南海的禪宗六祖惠能被稱為「獦獠」。最近，劉志偉〈天地所以隔內外——王朝體系下的南嶺文化〉引用《水經注》「古人云：五嶺者，天地以隔內外」，指出「自古以來，南嶺一直是『中國』出嶺外之天然屏障。『嶺外』被中土人士目為蠻夷化外之地」，見《東方早報·上海書評》（2016年1月31日）。

[4]　根據《新唐書·地理志》，唐代以都護府、都督府、州、縣四級設置的羈縻州，大體上就是以原來的部落首領為長官，以原來部落的領域為轄境，版籍不向唐朝呈報，只是虛擬的控制。譚其驤〈唐代羈縻州述論〉指出，這只是大概情況，雖然唐代人認為「著於令式」的羈縻州應當是唐朝版圖，但「情況十分複雜，因地域而異，因國族而異，又因時而變，差別甚大」，他

「中國」,需要像韓愈《原道》所說,「諸侯用夷禮則夷之,進於中國則中國之」。[5]換句話說就是,周邊夷狄必須被「征服」,那些地區必須被「漢化」,採用華夏之政治制度和文化習俗,那才真的成了「中國」。可是,在古代中國人的心目中,「中國」大體上仍是秦漢奠定的那個核心區域,遙遠的邊緣地帶特別是那些族群、自然、風俗迥異的地方,在古人心目中沒有那麼「神聖不可分割」,正如《漢書・西域傳》所說,西域那些荒涼的地方,「得之不為益,棄之不為損,盛德在我,無取於彼」,[6]駱越所在的珠崖「父子同川而浴,相習以鼻飲,與禽獸無異,本不足郡縣置也」,「棄之不足惜,不擊不損威」。[7]因此,回看幾千年歷史,帝國疆域也並非總是向外擴張,有時也向內收縮,收縮便使得原本一些「中國」漸漸變成「外國」。

以渤海、靺鞨黑水部、室韋、雞林(新羅),以及奚、契丹、高麗、突厥等地為例,認為這些地方或者「不能認為在唐朝版圖以內」,或者曾經是唐朝轄區,但終於分離出去,載《長水粹編》(石家莊:河北教育出版社,2000),頁136–162。

[5]　韓愈〈原道〉,載《韓昌黎文集校注》(上海:上海古籍出版社,1986)第一卷,頁17。

[6]　《漢書》卷九十六下〈西域傳〉,頁3930。

[7]　《漢書》卷六十四〈賈捐之傳〉記載,漢元帝初元年間,賈捐之因為珠崖郡並不是華夏文化,而且發生騷亂,建議不要保留珠崖郡。

一 「一榻之外，皆他人家也」：北宋的西北與西南

　　「中國」變成「外國」，這樣的例子很多。較早的如西域，漢武帝時代雖然曾經「內屬」為帝國遙控之地，但王莽時代之後，「怨叛，與中國遂絕，並復役屬匈奴」，到東漢永初元年（107），漢朝只好「詔罷都護，自此遂棄西域」，退守玉門和陽關；[8] 稍晚的如高句麗與渤海國，在中古時代就逐漸蠶食漢武帝時代在遼東半島以東所辟玄菟、[9] 樂浪、真番、臨屯四郡（還得加上先設立的蒼海，以及據說在今首爾的帶方），[10]

---

[8]　《後漢書》卷八十八〈西域傳〉，頁2909、2911。《後漢書》卷五〈孝安帝紀〉記載，永初五年（111），由於匈奴擾邊的緣故，漢安帝下詔讓原來的隴西、安定、北地、上郡往關中方向遷移，民眾也隨之內遷，等於放棄了很大一塊西部疆域。

[9]　《後漢書》卷八十五〈東夷列傳〉說，漢武帝「滅朝鮮（衛滿），以高句驪為縣，使屬玄菟」，但很快它就自立，還「數犯邊境」，連「沃沮、東濊皆屬焉」。（頁2813）

[10]　參看白鳥庫吉〈漢の朝鮮四郡疆域考〉，載《東洋學報》第二卷（1912），頁125–180。他指出，在四郡之前，元朔元年漢武帝曾設蒼海郡，在今鴨綠江、佟桂江流域，後來的真番郡大體上就在蒼海郡的範圍，而臨屯郡在原來衛滿屬國臨屯國，玄菟郡是原來沃沮之地，樂浪郡則西北與遼東接壤，南界不太清楚。又參看瀨野馬雄的〈朝鮮廢四郡考〉（上）（中）（下），連載於《東洋學報》十三卷一期（1923）、三期（1923）和四期（1924）。

建立了自己的獨立王國；更晚的如唐代之西域，在盛唐時期 (750) 高仙芝率領大唐軍隊與大食軍隊在怛邏斯 (Talas，今江布爾 Dzhambul，在哈薩克斯坦) 一戰，慘敗之後，唐帝國就逐漸失去了對中亞的控制權，原本重新控制的西域也漸漸成為異域；[11] 中唐之後被吐蕃佔據的河西四郡，更是逐漸異族化成為大吐蕃國的一部分。這種由「中國」而「外國」的情況在近世中國歷史裏其實不少，宋明兩代更是明顯，下面僅舉幾個較為典型的例子。

第一個例子，是宋代之西南與西北。

先說西南，前面提及宋太祖玉斧劃界使大渡河以西以南不再是「大宋／中國」領地的故事。雲南之地在東漢永平年間 (58–76) 原本朝廷已經「關守永昌」(管轄雲南西南部以及今緬甸克欽邦和撣邦)，把哀牢夷劃入帝國疆域之內，[12] 而在漢末三國時期，傳說諸葛亮南征，似乎它更被帝國納入疆域之內。到了唐代，南詔與牂牁一樣，都列入西南蠻，[13] 雖然不是

---

[11] 這次戰役對於歷史的意義很大，不僅僅是造紙術、絲綢、煉丹術等向西傳播的重要契機，也是大唐帝國失去西域控制權的關鍵。參加這次戰爭的唐人杜環在被俘後曾在大食生活十幾年，後回大唐撰有《經行記》，記載大食的情況，現殘存軼文見杜佑《通典》(北京：中華書局，1988) 卷一九三，頁5275，5279–5280。

[12] 《後漢書》卷八十六〈南蠻西南夷傳〉，2860頁。

[13] 《新唐書》卷二百二十二〈南蠻上〉說，南詔「本哀牢夷後，烏蠻

「華夏」之地，但也並非「外國」，朝廷通過設在郎州（今雲南曲靖）、戎州（今四川宜賓）與巂州（今四川西昌）的官員，對雲南實行「間接統治」。[14] 儘管它曾有皮邏閣「併五詔，服群蠻，破吐蕃之眾兵，日以驕大」，但大體上它還是或歸唐朝或依吐蕃，在唐朝看來，它仍是蠻夷之邦、朝貢之國，也就是中外之間，特別當它內附的時候曾表示「請歸大國，永為藩國」，[15] 而唐開元年間也曾「冊為雲南王，賜錦袍、金鈿帶七事」。[16]

但是，經過唐末五代混亂到了宋代，正如宋太祖無奈地說的那樣「一榻之外，皆他人家也」，[17] 鞭長莫及的宋代只好放棄

別種也」，頁6267。

[14]　參看查爾斯・巴克斯（Charles Backus）《南詔國與唐代的西南邊疆》（林超民中譯本，昆明：雲南人民出版社，1988），頁25。

[15]　《舊唐書》卷一九七〈南蠻、西南蠻〉，頁5282。

[16]　《新唐書》卷二百二十二〈南蠻上〉，頁6270。後來，貞元年間皇帝又冊封為「南詔王」，希望「子子孫孫永為唐臣」，當時的南詔王異牟尋也曾表示「永為西南藩屏，使後嗣有以不絕也」。（頁6275）

[17]　邵伯溫《邵氏聞見錄》（北京：中華書局，1983）卷一，頁4。其實這種對於國土的無奈心情，一直到很晚依然糾纏在士人心裏，像現存南宋淳祐年間（1247）石刻《地理圖》的碑文，作者黃裳在不得不描述天下的地理形勢時，就無奈地說到，這個天下是不全的，儘管「國朝藝祖櫛風雨平定海內」，「太宗之世王師三駕」，但「幽薊之地卒為契丹所有，不能復也」。所以，「□□□□南北形勢，使人觀之，可以感，可以憤」。文

西南，因此大理國除了熙寧九年（1076）曾遣使來朝之外，「自後不常來，亦不領於鴻臚」。[18]正因為如此，元修《宋史》時將「大理國」列入了〈外國傳〉，直到蒙元時代它才再一次被納入帝國的版圖。

再說西北。同樣的情況是西夏。原本西夏之地，在漢、唐時代一直是「內」而不是「外」，它大致在漢代是北地、安定、武威諸郡轄地，在唐代屬隴右道東部（大體包括靈、夏、銀、綏、宥、靜、鹽、會、勝、甘、涼、瓜、沙、肅等州）。只是安史之亂（755）後，除了晚唐沙州張義潮曾奉瓜、甘等地仍歸唐朝外，「鳳翔以西，邠州以北」的絕大多數地區，[19]都長期變為吐蕃之國土。到了宋代，鮮卑拓跋氏之後李氏經過唐末五代宋初之亂局漸漸滋大，到宋仁宗寶元元年（1038）自立為皇帝，「制小蕃文字，改大漢衣冠。衣冠既就，文字既行，禮樂既張，器用既備」，不僅有了「大夏」的國名，而且有了「始文本武興法建禮仁孝皇帝」的名號，「一垓之土地，建為萬乘之邦家」，[20]終於把原本的「中國」變成了「外國」。[21]

字轉引自《中國古代地圖集（戰國至元）》（北京：文物出版社，1990）後附：錢正、姚世英〈地理圖碑〉。

[18]　《宋史》卷四百八十八〈外國四〉，頁14072。

[19]　顧頡剛、史念海《中國疆域史》（北京：商務印書館重印本，2000），頁146。

[20]　《宋史》卷四百八十五〈外國一〉，頁13996。

[21]　《宋史》卷四百八十五〈外國一〉，頁13995。同樣的例子如卷

儘管宋太祖覺得,「天下一家,臥榻之側,豈容他人鼾睡」,絕不容許南唐獨立於「中國」之外,[22]但事實上,在宋太宗大體平定諸國之後,對北面的燕、雲,西面的靈、夏,南面的大理,並無收復的可能,因而只好承認它們就是「外國」。在傳統帝國歷史上,這種由「內」而「外」的事情,儘管也曾給帝國帶來屈辱感和挫敗感,但這並不是絕不可接受的現象。雖然理想主義的士大夫會覺得,「靈武以東,皆中國故地」,「先朝所取,皆中國舊境」,[23]但當這些「中國」已經無可奈何地變成「外國」時,宋朝君臣士大夫也能找理由來自我解嘲或自我解套。宋太宗至道三年(997),李至就曾上疏建議放棄靈州,覺得「蟄手斷腕,事非獲已,蓋所保者大」;[24]西夏稱帝之後的寶元三年(1040),劉平也曾撰〈攻守策〉說,「彼靈、夏、綏、銀,千里黃沙,本非華土」。[25]如果說前者還是一種妥協策略,還沒有承認那是「外國」,那麼後者則是一種國族觀念,乾脆認為那就不是「中國」。[26]

　　四百九十〈外國六〉把「沙州」即「本漢敦煌故地」也列為「外國」。

[22]　《續資治通鑑長編》卷十六,頁350。

[23]　《續資治通鑑長編》卷三八二「元祐元年七月」引安燾、呂公著語,頁9312,9312–9313。

[24]　李至〈請棄靈州奏〉,見《全宋文》卷一三一(第七冊),頁31–32。

[25]　劉平〈攻守策〉,見《全宋文》卷一八八(第九冊),頁240。

[26]　關於這一問題,方震華〈和戰與道德 —— 北宋元祐年間棄地論

在宋代，很多人可能感情上仍然眷念漢唐舊疆，但理智上已經承認，版圖贏縮的關鍵乃是力量消長。咸平四年（1001），著名的文臣楊億曾經在給宋真宗上的札子中建議，西夏佔據的靈武地方，放棄了就放棄了吧，不必為丟失領土耿耿於懷，他說，「必以失地為言，即幽、薊八州，河、湟五郡，所失多矣」。[27] 後來，宋神宗與文彥博談及宋遼關係，也說到兩國之戰和「患無力，豈患無名」，王安石也坦率承認，中外之間「豈患無名，但患德與力不足爾」。[28] 這一觀念的轉變在宋代相當明顯，有人覺得漢代揚雄說得很對，「北方之國，五帝所不能臣，三王所不能致」，那就是「中國之雄敵也」，反正那個地方「其人無禮義，繫之而無所用，厥土多澤鹽，得之而不可居」，乾脆就算了；也有人覺得，戎狄也是「天地之一氣耳，其性貪暴，惡生好殺，與中國絕異」，但必須承認，按照有陰必有陽的天地道理，華夷就彷彿陰陽，有「中國」也就有「外國」，所以，最好是「先內和人心，而後制四夷」。[29]

的分析〉有論述，載《漢學研究》（台北：中央圖書館）33 卷 1 期（2015 年 3 月），頁 67 以下。但是，應當指出，「棄地」之說在元祐元年之前就已經有了。

[27] 楊億〈上真宗論棄靈州為便〉，趙汝適編《宋朝名臣奏議》（北京大學中國古代史研究中心整理本，上海：上海古籍出版社，1999）下冊，頁 1441。

[28] 《續資治通鑑長編》卷二三八，頁 5791；卷二二〇，頁 5378。

[29] 見朱台符上奏，《續資治通鑑長編》（北京：中華書局，1992，

這一看法大概在宋代已經成為共識，以歐陽修撰《新五代史》為例，五代時期北方淪陷於契丹，儘管有的州郡原本是「漢地」，他也承認那裏就成了「外國」，即使是漢唐已有的甘、涼、瓜、沙四州，那裏也已經不是「中國」。[30] 到了南宋背海立國，

2004) 卷四十四，咸平二年 (999)，頁 931，933。張知白上疏，《續資治通鑑長編》卷五十三，咸平五年 (1002)，頁 1165。

[30] 歐陽修的看法很有代表性，他纂修的《新五代史》卷七十三〈四夷附錄第二〉中說，「(周) 世宗取瀛、莫，定三關，兵不血刃」，而遼皇帝就說，「周之所取，皆漢故地」。但是，由於「不幸世宗遇疾，功志不就。然瀛、莫、三關，遂得復為中國之人，而十四州之俗，至今陷於夷狄」。這說明在歐陽修的心目中，過去屬於漢風俗文化區域的地方，一旦淪陷就成了外國，收復之後又成為中國。又，《新五代史》卷七十四〈四夷附錄第三〉又說，「至五代時，吐蕃已微弱，回鶻、黨項諸羌夷分侵其地，而不有其人民。值中國衰亂，不能撫有，唯甘、涼、瓜、沙四州常自通於中國」。末句說明，這四州在歐陽修心目中，也已經不是「中國」了。另外一個例子是，在宋神宗元豐年間修撰的《元豐九域志》，其中所謂「九域」，即是「總二十三路，京府四、次府十、州二百四十二，軍三十七、監四、縣一千二〔應為「一」〕百三十五」，這就是北宋自己認定應該擁有的「疆域」(其實，還有不少並不在北宋實際控制之下的地方，見《元豐九域志‧卷首‧進表》)。參看日比野丈夫〈元豐九域志纂修考──とくに元豐の二十三路について〉，原載《東方學》八號 (1954)，收入日比野丈夫《中国歷史地理研究》(京都：同朋舍，1977)，頁 354–372。

這種「彼」、「我」之分就更加嚴峻，就連最激烈的南宋陳亮(1143–
1194)，也只能承認「有中國必有夷狄」，而且「漢之匈奴，唐之回
鶻吐蕃，本朝之契丹」，都不是普通的夷狄。[31] 而宋末元初周密
(1232–1298)更在《癸辛雜識》後集「十二分野」中，用天上星
象來論述地下疆域，說世上用二十八宿來配十二州最是荒謬，
「僅以畢、昂二星管異域諸國，殊不知十二州之內，東西南
北不過綿亙一二萬里，外國動是數萬里之外，不知幾中國之
大，若以理言之，中國僅可配斗、牛二星而已」。[32]

二 「限山隔海，天造地設」：安南成為異國

第二個例子，是宋元明時代的安南。[33]

---

[31] 陳亮〈問答下〉，見《全宋文》卷六三三〇，第279冊，頁296–
297。這種承認中國與四夷並存的說法在宋代尤其是南宋已經很
普遍，如程珌〈丙子輪對劄子〉「自天地肇分以來，有中國則有
戎狄也」，《全宋文》卷六七七六，第297冊，頁246。

[32] 周密《癸辛雜識》(北京：中華書局，1988，1997)後集，頁
81–82。對於天與地、星辰與分野的關係，早在南北朝時期的
顏之推，就已經尖銳地批評過了，「乾象之大，列星之夥，何
為分野，止繫中國？」見王利器《顏氏家訓集解》(上海：上海
古籍出版社，1980)，頁343。

[33] 關於安南族群與文化的來源，可能有很多分歧的看法，但是大

前面提到，秦漢時代已經在今越南一帶設立郡縣，如秦之象郡、漢之日南，[34] 到了唐代更設安南都護府。按照馬伯樂 (Henri Masparo，1883–1945) 的考證，安南都護府在今越南大致轄區為「今之北圻，南迄橫山之安南北部」，[35] 包括了交州、

多數學者都會同意，它與甌越、百越，也就是現在中國境內的廣東、廣西、海南原住民應當有很深的關係，松本信広引用法國學者 Aurousseau 和 Madrolle 的看法，指出，古代越南人是中國百越人南下，與當地土著人「在東京平野一帶，由民族混溶並大變化而形成的」。見其〈安南人の起源〉，原發表於 1944 年之《太平洋圈‧民族と文化》上卷，收入其《東亜民族文化論攷》 (東京：誠文堂新光社，1968)，頁 72，91。

[34] 馬伯樂 (原譯馬司帛洛)〈秦漢象郡考〉認為，公元前 214 年秦始皇置桂林、南海、象郡，其中很多人認為象郡即漢代日南，在今越南之廣平、廣治，但是他認為來自《漢書》的這一說法不可靠，他的結論是象郡就在廣西南部，在今中國境內，大體上是苗、歹種。見馮承鈞《西域南海史地考證譯叢》(北京：商務印書館重印本，1995) 第一卷第四編，頁 50。此後的主流研究大體上贊成馬伯樂的說法，可以參看周振鶴〈秦漢象郡新考〉，《中華文史論叢》1984 年第 3 輯；但近來也有人認為，應當考慮象郡即漢日南郡的意見，見辛德勇〈秦漢象郡別議〉，載《中國學術》(北京：商務印書館，2016) 第三十六輯，頁 159–235。

[35] 馬伯樂〈唐代的安南都護府疆域考〉，見馮承鈞《西域南海史地考證譯叢》(北京：商務印書館重印本，1995) 第一卷第四編，頁 64–66。

峰州、長州、愛州、驩州、演州、福祿州等地。其中，平原
地區設郡置縣，「隸屬中國官廳，與內地諸州無別」，山區「則
或置如內地之州，或置羈縻州」。但到了宋代，雖然「時安
南都護府尚列中國版圖，然在事實上自五代以來業已完全獨
立」。[36]儘管宋朝很想控制安南局面，但無奈天高皇帝遠，所
以大多採用聽之任之的妥協方式。宋太祖封丁部領為王，宋
太宗封篡奪政權的黎桓為王，宋孝宗封李天祚為王，原本秦漢
隋唐的本國郡縣終於正式成為外國「安南」，[37]從「中國」變成了
「外國」。這個「外國」一直延綿至今，元明清三代都拿它無可
奈何。

　　先是元憲宗蒙哥在宋理宗寶佑五年 (1257) 征服雲南之
後，試圖從安南、廣西夾攻南宋，便派兀良合台出征安南，
可是失利後只好妥協；在元世祖忽必烈的至元年間，安南三
次 (1282，1284，1287) 打敗蒙元軍隊，雖然元朝也曾象徵
性地虛設交趾行省，似乎安南已經歸屬朝廷，但實際上行省
長官就是安南國王，並沒有改變其獨立性質。到了元成宗時
(1294)，只好商定「三年一貢」，但實際上「其後難有聘使往
來，而冊封之禮，終元不復行」。據《元史》記載，不僅安南國
王陳日烜自封「憲天體道大明光孝」皇帝，而且安南還有自己

---

[36]　馬伯樂〈宋初越南半島諸國考〉，馮承鈞《西域南海史地考證譯
　　　叢》第一卷第一編，頁121。
[37]　參看黎崱《安南志略》(北京：中華書局，1995)「總序」，頁1。

的年號「紹隆」，完全是與元朝分庭抗禮的敵國。[38]

　　明王朝同樣拿這個「唐以前皆隸中國」的安南無可奈何，[39]
朝廷只能承認安南與中國「限山隔海，天造地設」。儘管安南
對明朝「陽言奉命，(對占城)侵掠如故，且授印章逼為屬」，
搞起以自我為中心的小朝貢圈，但是明朝拿它也沒有太多辦
法。永樂皇帝曾經藉口安南原國王陳氏子孫被篡位，想把安
南「郡縣化」(有點兒像改土歸流)，並在永樂四年 (1406) 曾經
派兵攻入安南，永樂五年六月下詔「改安南為交趾」，設置都指
揮司、布政司、按察司，轄十五府三十六州一百八十一縣，並
建十一衛三所，把「東西一千七百六十里，南北二千八百里」
的地方和「三百一十二萬有奇」的人口納入明帝國。但是，此
舉最終仍歸於失敗，因為「蠻人自以非類」，並不認同大明帝
國。[40]特別是，由於黎朝再次打敗明朝軍隊，終於，大明帝國
在宣德年間 (1427) 撤銷了布政司和都指揮司，這使得安南的
自國傾向和獨立意識越來越厲害，雖然此後的數百年間，它
不能不承認北方強大的明朝以及後來的清朝為「宗主國」，稱
明清皇帝為「大皇帝」，但是，它始終自外於「中國」，[41]按照他

---

[38]　參看《元史》卷二〇九〈外夷二‧安南〉，頁 4634，4644。

[39]　《明史》卷三二一〈外國二‧安南〉，頁 8309。

[40]　《明史》卷三二一〈外國二‧安南〉，頁 8314–8315。

[41]　李焯然〈越南史籍對「中國」及「華夷」觀念的詮釋〉根據越南方
　　　面的文獻如《大越史記全書》等指出，「越南雖然在文化上是受

們自己的說法，就是「大越居五嶺之南，乃天限南北也，其始祖出於神農氏之後，乃天啟真主也，所以能與北朝各帝一方焉」，雖然在歷史敘述上還是不知不覺地留有「神農氏之後」之類的中國痕跡，但是，「天限南北」和「各帝一方」卻表明他們作為外國，從此與中國分庭抗禮的意志。[42]

三　「少虧尺寸」：帝國疆域贏縮之無奈

有的區域從「外國」成為「中國」，有的區域則從「中國」成為「外國」。歷史非常清楚，道理也非常簡單。秦漢以來的幾千年間，疆域之贏縮變化是很正常的事情。就是記憶中氣勢多少閎放的唐朝，作為天下帝國，雖然影響力輻射到中亞，但也不曾真正統治過西域，更不要說吐蕃。當時的觀念世界中的「中國」仍是與四裔相對的秦漢故地，不僅不能包括突厥、吐蕃、回鶻、沙陀，也不能包括北狄（契丹、靺鞨、渤海、室

到中國儒家思想的影響，但在政治上對中國政權有所譴責，甚至稱為『北寇』。見李焯然《中心與邊緣：東亞文明的互動與傳播》（桂林：廣西師大出版社，2015），頁 17。

[42]　《大越史記全書》（陳荊和編校本，東京大學東洋文化研究所「東洋學文獻センター叢刊」42 輯，1984）卷首〈大越史記外紀全書序〉，頁 55。

韋等)、東夷(高麗、百濟、新羅、日本)、西域(高昌、于闐、黨項、焉耆、龜茲等)、南蠻(南詔、扶南、林邑、真臘等),甚至還不能包括在渝、涪、瀘、昌(今四川一帶)的烏蠻、兩爨蠻、南平獠。[43] 至於宋明,疆域更是大大收縮,雖然宋代觀念世界中仍然把「中國」看成「漢唐故地」,宋代留下的若干「輿地圖」、「地理圖」、「華夷圖」也仍然把燕雲十六州與銀、靈、夏諸州算在「中國」之內,但漢唐的八尺大床,在宋代確實已經變成三尺行軍床(錢鍾書《宋詩選注》序言中語)。而明代同樣如此,「明之中葉乃閉關絕貢,棄敦煌以資戎落」,[44] 正如《明史·地理志》說,「成祖棄大寧」、「世宗時復棄哈密、河套」,「仁、宣之際,南交屢叛,旋復棄之外徼」。[45] 其中,說得最清楚也是最酸楚的,是明代中後期的地理學家王士性,他在《廣

---

[43] 關於這一點,可以參看《舊唐書》卷一九七至一九九、《新唐書》卷二一九至二二二有關四裔的記載,《舊唐書》頁 5269–5364,《新唐書》頁 6167–6334。

[44] 程廷祚〈書西域圖後〉,原載《青溪集》卷八,轉引自譚其驤主編《清人文集地理類彙編》(杭州:浙江人民出版社,1988)第三冊,頁 522。

[45] 《明史》卷四十〈地理一〉,頁 882。潘光旦說,「大寧之放棄,是對兀良哈之讓步,開平衛之南移,則為對蒙古之讓步,河套亦然。哈密則似入於吐魯番,應是畏兀爾也」,見潘光旦編《中國民族史料彙編(明史之部上)》(天津:天津古籍出版社,2007),頁 1。

志繹》裏就説，「本朝北棄千里之東勝，南棄二千里之交趾，東北棄五百里之朵顏三衛，西北棄嘉峪以西二千里之哈密」。[46]

「棄」這個字很沉重。在這兩個漢族重新執政的宋明王朝，好多地方都從「內」變「外」，原本「中國」變成了「外國」。所以，後人痛心疾首説，「明不扼玉門、陽關，而守嘉峪，於是中葉以後，蒙古諸部北擾延、綏、寧夏者，遂逾甘、涼，絕瓜、沙、據青海，而東擾河、洮、岷矣」；[47]其實，不要説宋、明，就連號稱疆域最大的清帝國，雖然把滿蒙藏回都納入版圖，但也把原屬帝國之「內」的不少區域，如烏蘇里江以北包括海參崴至庫頁島的東北地方，以及包括巴爾喀什湖、伊塞克湖在內的西北區域，都劃給了俄羅斯，使得這些地方也從帝國之「內」變成帝國之「外」，這就是「咸同之際……日夷琉球，英滅緬甸，中國雖抗辭詰問，莫拯其亡……以至於越南亡於法，朝鮮併於日，浩罕之屬蠶食於俄」。[48]

乾隆皇帝有一句話曾屢被歷史家引用，即「開邊黷武，朕

[46]　王士性《廣志繹》(北京：中華書局，1981)卷之一，「方輿崖略」，頁2。

[47]　沈垚〈新疆私議〉，原載《落帆樓文集》卷一，轉引自譚其驤主編《清人文集地理類彙編》第二冊，頁222。

[48]　《清史稿》卷二五六〈屬國傳〉小序，頁14576。這當然還是説的所謂「屬國」，但即使是清朝的「內」，如原本屬於大清的外蒙古，最終也與內蒙古分離，成為了「外國」。

所不為,而祖宗所有疆宇,不敢少虧尺寸」,[49] 但實際上,他說「不為」的戰爭,在他這一代卻常常發生,而他說的「祖宗」,泰半只是清代前期的皇帝,他所說的「疆宇」,大體也只是順康雍乾四代用「武功」打出來的大清帝國。在他身後,大清疆域更有縮水,這其實是帝國時代的正常現象,因為一旦本朝實力強大,自然還會「開邊黷武」,假如敵國力量更強,帝國無奈之下也只能「少虧尺寸」。

再說一遍。回看中國歷史,大凡國力衰微的時候,疆域就收縮,一旦國勢強盛,帝國就膨脹。如果出現族群交錯與紛爭,可能就出現四分五裂,只是由於秦漢以來依靠「中國」意識的維繫,加上經濟、交通、文化的互聯,[50] 往往會在新王朝再度統一,這就是古代中國所謂的「分久必合,合久必分」。有時候「外國」/「蠻夷」逐漸成為「中國」/「華夏」,也有時候「中國」/「華夏」卻成了「外國」/「蠻夷」,這很正常。地理學家沒有理由拿了空間最大的時代,當作中國的必然疆域,歷史學家也沒有理由「倒寫歷史」,把現代中國版圖上所有發生過的事

---

[49] 《清實錄》(北京:中華書局影印本,2008)卷三七七「乾隆十五年十一月」,頁13357。

[50] 許倬雲先生有一個看法,認為維繫「中國」這個觀念的力量有三,一是經濟網絡,二是政治精英,三是書寫文字,見其《華夏論述:一個不斷變化的複雜共同體》(台北:天下,2015)之「自序」,頁3。關於這個問題,請看後面的討論。

件、出現過的人物、存在過的政權，統統都寫在那個叫做「中國」的歷史裏面。當然，更沒有理由把漢朝和匈奴、唐朝與吐蕃、宋國與遼金、大明與瓦剌之戰，不顧當時的歷史，硬要說成是中國國內不同民族的「內戰」，而不承認當時它的確就是「國際戰爭」。[51]

---

[51] 這裏就出現一個爭論不休、最為棘手的話題，即如何評價類似屈原、岳飛、文天祥、史可法等人所謂的「愛國」精神。

肆

核心與邊緣：凝聚、雜糅、延續

　　討論歷史中國之「內／外」，有三個詞語始終極為關鍵，即疆域、民族和歷史。它的**疆域**究竟應當是按照傳統大一統理念與現代中國完整領土倒推上去，還是按照歷史中國的形成順著捋下來？它的**民族**究竟應當按照建立現代國家需要的「中華民族」追溯或塑造其共同淵源，還是按照各個族群的習俗、語言、分佈、遷徙和認同敘述其譜系？它的**歷史**究竟應當遵從一個脉絡把各種線頭都編織進去，還是按照各種不同脉絡敘述一個看似百川歸海的過程？

　　這三個問題在過去有太多的爭論。

一 「歷史過程」：
如何書寫「中國」形成的歷史？

我曾經在《何為中國？——疆域、民族、文化與歷史》一書中簡單說到兩種對立的思路，[1] 以白壽彝 (1909–2000) 為代表的一種思路認為，在中國歷史研究中不應當按照「歷代皇朝的疆域」，而應當「以今天的中華人民共和國的國土為範圍，由此上溯」，他們還強調，這樣倒推歷史的方法，一來可以「擺脫了舊的觀點」即皇朝歷史觀點的支配，二來可以擺脫大漢族主義的偏向，三來可以「從瞭解現在的社會生活的意義上去研究歷史」。[2] 可是，早在 1960 年代孫祚民 (1923–1991) 就已經反駁了這種看法，他說，應當「以我國歷史上歷代王朝的疆域為歷代國土的範圍，因王朝統治的範圍不同，而歷代國土有所變更伸縮」。到 1980 年代他更批評道，按照現在中華人民共和國領土範圍，來倒著追溯歷史的方法，「錯誤是十分明顯的，致誤的關鍵，在於它抽掉了我國形成一個『統一的多民族國家』的歷史過程，混淆了歷史上的『當時』

---

[1] 葛兆光《何為中國？——疆域、民族、文化與歷史》(香港：牛津大學出版社，2014)，頁 61–62。

[2] 白壽彝〈論歷史上祖國國土問題的處理〉，載其《學步集》(北京：三聯書店，1978)，頁 2。

和當代的『今天』兩個決然不同的時間概念」。[3]

我贊成孫祚民的看法。「歷史過程」是在追溯「中國」的時候，學者始終應當關注的問題，抽離了「歷史過程」，恐怕不僅不是追求真實的歷史學，只是為現代中國尋求合法性的政治學。可是，在政治與學術總是互相糾纏的時代，很多學者都面臨尷尬，[4]1980年代民族史剛剛可以重新討論的時候，關於歷史上異族政權（例如渤海國、契丹、女真、後金），究竟是

---

[3] 孫祚民〈中國古代史中有關祖國疆域和少數民族的問題〉，《文匯報》1961年11月4日。又，孫祚民〈處理歷史上民族關係的幾個重要準則〉，《歷史研究》1980年第5期；收入《中國民族關係史論文集》（北京：民族出版社，1982）上冊，頁157。

[4] 譚其驤的著名講話〈歷史上的中國和中國歷代疆域〉中，看法多少呈現出兩難。一方面他以鴉片戰爭之前幾乎是最大化的清朝疆域作為「我們歷史時期的中國的範圍」，因此無論清代還是清代以前，「在這個範圍之內建立的政權，我們都認為是中國史上的民族」；另一方面又承認中國「不是固定不變的，是隨著時代的變化而變化的」，現代中國主權範圍「是鴉片戰爭之後才形成的」。因此，他仍然留下一個棘手的問題，即究竟應當怎樣理解歷史敘述中「中國」應包括的疆域和民族呢？他這樣說，「我們既不能以古人的『中國』為歷史上的中國，也不能拿今天的中國範圍來限定我們歷史上的中國範圍」。可是這一說法雖然在政治上絕對正確，但是並不解決問題，我總覺得，譚其驤似乎有一些沒有說出來的話。見《長水粹編》，頁4–6。

「中國」還是「外國」的問題，就出現過這樣的兩難：在維護現代中國多民族國家及領土完整的政治立場上，學者只能說它們不是「外國」，在尊重歷史與文獻的學術立場上，歷史學家又不能說它們是「地方政權」，如果它們既不是「外國」，又不是「地方政權」，那麼它們究竟是什麼呢？[5]

我總以為，中國的疆域、民族和歷史既不是「並為炎、黃（或蚩尤）之苗裔」，可以向上追溯共同淵源；也不是九九歸一，最終因為互相認同，可以歸為一大家族式的「中華民族」的。正如前面所說，我們得承認，在漫長的歷史過程裏，有的地方由「外國」變成了「中國」，有的地方也從「中國」變成「外國」，分分合合是一個正常的事情。古代帝國常常建立又崩潰，統一再分裂，無論是羅馬帝國、漢帝國、薩珊帝國、大食帝國，還是奧斯曼帝國都是這樣。只是應當瞭解，古代中華帝國有一點特別，這就是秦漢帝國在政治、制度、文化上熔鑄成的這個「中國」相當穩定和龐大，在很長歷史過程中，外力無法打散這個政治-文化共同體，「中國」與「周邊」或者成為帝國與藩屬（如漢唐時代的周邊諸國），或者成為彼此敵國（如

[5]　如渤海國，張璇如〈民族關係史若干問題的我見〉一方面說它「儼然是一個獨立國家，再也不能以地方政權視之」，一方面又說「不能把這種暫時分立的獨立政權排斥在統一多民族國家之外，視為外國」。見翁獨健主編《中國民族關係史研究》（北京：中國社會科學出版社，1984），頁63。

宋遼金夏），或者成為帝國與「內地」（如蒙元和滿清的本部行省）。因此，在回溯歷史的時候也要強調，我不簡單地認為中國是一個「想像的共同體」，也不認為中國是一個「被建構的文明-國家」，甚至也不贊同中國並沒有一個「清晰的譜系」而應該只是多個「複線」平行的歷史。應該說，「中國」作為一個族群認同的文化象徵，作為一個文化習俗相對同一的社會，作為一個文化的共同體，在很長的歷史過程中，確實保持了相當明顯的延續性與穩定性。

二　制度、社會與文化：
「中國」得以延續的基礎

那麼，問題是這個「中國」是如何一直延續下來的？

正如我前面所說，公元前三世紀秦代建立統一帝國，並以官方力量推行「一法度、衡石丈尺，車同軌，書同文字」，[6]到公元前二世紀漢代在思想上「獨尊儒術」，制度上「霸王道

---

[6]　《史記》（北京：中華書局，1959）卷六〈秦始皇本紀〉，頁239。
　　　這就是李斯等所說的「海內為郡縣，法令由一統」，《禮記·中庸第三十一》中，把這一理想的狀況總結為「天下車同軌，書同文，行同倫」，《十三經注疏》（中華書局影印本，1980），頁1634。

雜之」,[7]一個政治、文化、語言上相當同一的中華帝國在這時已經形成。但秦漢時代,我們主要說的是「形成」,而秦漢之後,需要討論的則是「延續」,也就是「中國」如何能夠在秦漢之後的朝代變更、帝國分合、族群雜糅之中,始終維繫政治-文化上的連續性?近日,許倬雲在《華夏論述》一書中提出,維繫「中國」並且使它延續的力量有三,一是經濟網絡,二是政治精英,三是書寫文字。[8]這大體上是有道理的。在這裏,我想從制度、文明與社會三個角度,稍稍補充並展開進一步的討論。

第一是制度。

制度相當重要,秦統一中國,行郡縣之制,使過去制度有

---

[7]　「獨尊儒術」是董仲舒在元光元年(前134年)對漢武帝的建議,見《漢書》卷五十六〈董仲舒傳〉「今師異道,人異論,百家殊方,指意不同,是以上亡以持一統……臣愚以為諸不在六藝之科、孔子之術者,皆絕其道,勿使並進」,頁2523。這一建議在一定程度上被漢武帝採納,奠定了中國思想主流,後來被歸納為「罷黜百家,獨尊儒術」。「霸王道雜之」是漢宣帝的話,見《漢書》卷九〈元帝紀〉:「宣帝作色曰:漢家自有制度,本以霸王道雜之,奈何純任德教,用周政乎?」(頁277)這實際上指出了古代中國政治制度,並非單純用儒家學說和道德教化的實際情況。

[8]　許倬雲《華夏論述——一個不斷變化的複雜共同體》(台北:遠見天下文化,2015)。「自序:『中國』共同體的未來與挑戰」,頁9。

差異的六國，在文字、貨幣、行政、法律、度量衡以及交通上整齊劃一，即在制度上實現同一化（另外一個重要因素，是帝國內部的去軍事化，即由中央統一控制軍隊，而不是任由地方擁有軍事力量），這是形成與維繫「中國」的最重要基礎。自秦漢以後，歷史儘管變動不常，但由於有著嚴密的行政機構，有嚴格到嚴酷的制度，這個帝國的政治-文化核心區域依然保持著基本形態。從秦漢文獻甚至出土的竹簡文獻中都可以看到，當時通過統一的文字發佈統一的律令（現在可以看到如睡虎地秦律、張家山《二年律令》等等，可見律令上行下達），通過滲透到基層的行政管理（包括委任官吏、監察巡視、州郡上計、戶籍管理等），中央可以向各地徵發人力（諸如修水利、築長城、造棧道、建陵墓，《史記·陳涉世家》中的陳勝、吳廣，就是被國家徵發勞役的各地民眾），控制全國的鹽鐵專賣和貨幣鑄造，以及維持一個數量龐大而統一指揮的軍隊，這顯然使得它成為一個統合得很好的「國家」，即西嶋定生所謂「律令制國家」。儘管此後歷代帝國的疆域大小、族群構成、王朝結構不斷變化，但政治-文化核心區域，由於這種同一化制度的形塑，始終在維繫不變的一面。

第二是文化。

秦漢以後，中國知識、思想與信仰世界逐漸形塑出一個明確而穩定的文化傳統，皇帝主導的國家祭祀塑造了一個神聖信仰，而歷史書寫也構造了一個共同歷史。這個看似很虛的文化傳統、神聖信仰和共同歷史相當重要，雖然我並不完

全同意「想像的共同體」理論，但我願意借用安德森（Benedict Anderson）的一個詞「想像」（imagined）來說明，這種「想像」正如他自己說的也是「創造」（create），特別是身處一個共同空間的人們，在統一帝國影響下，都對這一文化、信仰和歷史給予「認同」的時候，由「語言與書寫文字的媒介」聯繫起來的這個文化傳統、神聖信仰和共同歷史中的人，就會想像自己擁有一個傳統，因而也應當是一個民族，理應成為一個國家。正如安德森所說，「這些先於民族主義而出現的文化體系，在日後既孕育了民族主義，同時也變成民族主義形成的背景」。這個時候，這種「想像」的共同體不僅催生了民族意識和認同情感，而且也「創造」出了真實的國家。[9]

關於這一共同文化、信仰與歷史的形成，不妨分三點詳細討論。首先，是共同的生活習俗與文明規則。如果看秦漢時期的歷史，儘管秦朝歷史太短，我們很難說《禮記》說的「行同倫」有多大程度落實，但秦確實有一套建立政治秩序和文化秩序的策略，[10] 這就是李斯在「并有天下，別黑白而定一尊」的統

---

[9]　參看班納迪克・安德森（Benedict Anderson）《想像的共同體：民族主義的起源與散佈》（*Imagined Communities: Reflections on the Origin and Spread of Nationalism*，吳叡人譯，台北：時報文化，1999），頁19。

[10]　《史記》卷六〈秦始皇本紀〉中引用的泰山刻石所謂「訓經宣達，遠近畢理，咸承聖志。貴賤分明，男女理順，慎遵職事」，琅琊刻石所謂「尊卑貴賤，不踰次行。奸邪不容，皆務貞良」，

一時代，要求「百姓當家則力農工，士則學習法令辟禁」，依靠官方權力禁止異說的背景。[11]而到了漢武帝時代「罷黜百家，獨尊儒術」，其實也是在這一思想文化統一的延長線上。從西漢叔孫通、董仲舒，到東漢之《白虎通》，諸如大一統、君尊臣卑、三綱六紀、禮法兼備等等古代中國的文明規則被建立起來，漢帝國政治-文化核心地區的民眾逐漸形成近似的宗族結構和禮儀風俗。當然，和秦單純依賴暴政不同，漢代既用強權推行，也依靠教育推廣，酷吏與循吏雙管齊下，這就是所謂「霸王道雜之」，它塑造了一個共同文明規則。[12]其次，是共同的神聖信仰。從秦到漢，國家祭祀逐漸建立，如果說秦帝國還保留六國各自的祭祀傳統，以秦故地的關中神祠、齊之八

碣石刻石所謂「男樂其疇，女修其業，事各有序」，(頁242–252)可以說明秦代也有一個關於建立社會秩序與道德倫理的理想。這一點，出土文獻如《睡虎地秦簡‧語書》也可以佐證，在秦始皇即將統一天下的秦王政二十年 (前227) 四月，原來是楚國舊地的南郡郡守發佈文告就説，「民各有鄉俗，其所利及好惡不同，或不便於民，害於邦 (國)」，所以要通過法律「以教導民，去其邪僻，除其惡俗」，可見在那時起，就有統一文化的舉措。見睡虎地秦墓竹簡整理小組編《睡虎地秦墓竹簡》(北京：文物出版社，1990)。

[11] 《史記》卷六〈秦始皇本紀〉引丞相李斯之建議，頁255。

[12] 參看陳蘇鎮《〈春秋〉與「漢道」：兩漢政治與政治文化研究》(北京：中華書局，2011)；林聰舜《漢代儒學別裁：帝國意識形態的形成與發展》(台北：台大出版中心，2013)。

主祠（天、地、兵、陰、陽、日、月、四時）、各國之名山大川，以顯示征服者即皇帝的威權，到了漢代則有因有革，逐漸建立起一個統一國家的祭祀體系，並且以經典作為其神聖性的依據，使得各種地方神祠和郡國之廟，都逐漸退出歷史舞台，「統一帝國的國家祭祀，也擺脫了先秦時代的構架，進入了全新模式」。這種全新模式，一方面順應了統一帝國需要的共同神聖信仰，另一方面也通過這種共同神聖信仰反過來強化了統一帝國。[13] 再次，是共同的歷史敘述。在某種意義上，司馬遷的《史記》就是對這個龐大帝國的歷史論證，《史記》之誕生猶如波里比烏斯（Polybius，約前205–）的《通史》，[14] 在一個世界性的羅馬帝國出現時，波利比烏斯不得不把這個帝國歷史放在一個可以理解的大背景一樣，司馬遷父子經歷了「獲符瑞、封禪、改正朔、易服色，受命於穆清」等具有象徵性的大事件，也目睹了「海外殊俗，重譯款塞」即這個帝國強盛與擴張的大

---

[13]　有關郡國廟的廢除，從董仲舒提議起，到漢元帝議罷郡國廟詔與韋玄成、匡衡的議論，見林聰舜《漢代儒學別裁》第一章，頁28–29。關於秦漢國家祭祀的演變，見田天《秦漢國家祭祀史稿》（北京：三聯書店，2015），尤其是第一章第二節〈帝國國家祭祀的建立〉，第二章第四節〈與天下為始：漢武帝時代的國家祭祀〉和第三章第二節〈西漢末年國家祭祀的變革與重構〉。

[14]　波利比烏斯《羅馬帝國的崛起》，翁嘉聲中譯本，台北：廣場出版，2012）。

變化，[15]所以他自覺地承擔起為這個大帝國書寫歷史的責任。因而它的〈五帝本紀〉和夏商周本紀，記敘了這個帝國的源頭，為帝國建立了一脉相承的歷史系譜；它的〈大宛列傳〉、〈匈奴列傳〉等，確立了這個帝國的核心與周邊，凸顯了帝國的內外分際；它以本紀、世家和列傳不同形式，部勒了這個帝國社會的各個階層；它的各篇「書」，則界定了歷史視野中最重要的各個領域。在這部偉大的歷史著作中，「中國」呈現出它的輪廓。儘管我們說歷史是人寫的，但是歷史一旦被寫出來，它就有著凝聚認同的巨大力量。後來繼承《史記》的各種歷史著作尤其是官方的正史，無論是漢族王朝還是異族王朝，在書寫歷史的時候，恰恰也承擔了這種凸顯「中國」並強調「中國」歷史連續性的意義。[16]

第三是社會。

秦漢時代，推廣、執行和傳播上述文明的士大夫，逐漸形成一個階層。[17]由於他們在政治上有共同的國家觀念，在社會上形成聲氣相通的群體，在思想上漸漸形成共同的儒家倫

---

[15] 《史記》卷一三〇〈太史公自序〉，頁3299。

[16] 關於《史記》，建議參考逯耀東《抑鬱與超越——司馬遷與漢武帝時代》（北京：三聯書店，2008）。

[17] 關於這一階層的形成，可以參見余英時《中國知識階層史論》，閻步克《士大夫政治演生史稿》等。

理。[18]加上他們彼此相互聯絡,形成朋友、同僚、群體,中古之後更經由科舉形成一個龐大的階層,無論統治族群與王朝如何變化,他們通過家族譜系、祠堂祭祀、宗族公產、墓地安排、參與地方行政等方式,形成以士紳為核心的宗族、宗族網絡、地方社會。如果從上面看,秦漢帝國特別是秦始皇和漢武帝「都致力於把帝國的普世價值觀,拓展和輻射到帝國的四極」,使得帝國在不斷整合;然而從下面看,則是「秦漢鄉里共同體社會內的豪族地主,大小宗族」,才構成了這個同一帝國的堅固基礎。正如黎明釗所指出的,帝國在這個基礎上「輻輳」並建立「秩序」。[19]地方士紳豪族一方面代表地方利益抵制帝國中央的直接控制(即史書中所謂「豪奸巨滑」),但一方面又作為帝國中央的代理,成為地方民眾與帝國政府溝通的中介(如縣鄉三老、有秩嗇夫等)。這一階層使得帝國始終維持著鄉村、縣鎮、州郡的基本社會結構,也始終維繫著基本的文化

[18]　川勝義雄《六朝貴族制社會研究》(徐谷芃、李濟滄譯,上海:上海古籍出版社,2007)認為,這個政治、文化、思想上有共識的士大夫集團是從東漢就形成的,換句話說,就是西漢「獨尊儒術,罷黜百家」的意識形態與國家制度形成以後,逐漸形塑了這個知識群體,並且在東漢黨錮中逐漸凝固了這個士大夫階層。當然也有人不同意這個看法,覺得這個士大夫階層的形成,乃是魏晉以後的事情。但是,這並不影響本文的結論。
[19]　黎明釗《輻輳與秩序:漢帝國地方社會研究》(香港:香港中文大學出版社,2013)「序論」,頁3。

習慣。由於他們在地方、州郡甚至中央，成為重疊繫連的階層構造，因而就像水泥之中的鋼筋一樣，把這個國家凝聚為一個整體。無論帝國上層如何改朝換代，正如中國老話所說「鐵打的營盤流水的兵」一樣，「水落石出」可以移來形容變遷的國家與穩定的社會、更迭的王朝統治者與不變的地方士紳之間的關係，因此，從秦漢以後到晚清之前，帝國統治者變動不居，但傳統中國核心區域，地方社會卻大體穩定。

三　穩定的、移動的和交錯的

我要再次說明，以上三項並不是創造一個龐大「帝國」/「王朝」的關鍵，而是維繫「中國」這個政治-文化共同體得以延續的關鍵。在秦漢大體確立的這個疆域裏，幾千年中，帝國建立又崩潰，朝代延續又斷裂，疆域分合，族群紛雜，但這個政治-文化意義上的「中國」卻始終延續。制度、文明、社會這三個要素構成「中國」超越「帝國」/「王朝」的基礎，也使得「中國」的政治-文化核心區域，在古代帝國時期就表現出仿佛近代國家一樣的制度、文化與社會同質性。我也必須說明，雖然「中國」在秦漢之後作為政治-文化共同體一直延續，但歷代帝國的疆域往往與它並不完全重疊，漢族中國的政治-文化也未必能無遠弗屆地籠罩整個帝國版圖。尤其是，由於疆域分合不定、版圖贏縮無常，某個地方現在處於中國的「邊緣」，當時

可能未必就是中國之「域內」。因此，理解歷史上的中國，不一定非要固執於完整的「九百六十萬平方公里」，或者國土有如「海棠」或「雄雞」的想像，與其根據現代中國領土追溯歷史，不如根據歷史敘述中國疆域。

當我們不再按照現代國族理念倒著進行歷史追敘，歷史論述就能夠超越現代國境。如果古代中國的歷史疆域可以理解為不斷移動和不斷變化的，那麼，我們或許可以把康雍乾以前的「嘉峪關外」，理解為漢代的西域三十六國，理解為中古諸族交融和宗教衝突之地，理解為大唐與吐蕃反復拉鋸的地方，理解為米華健（James A. Millward）所說十八世紀以前的中外「邊界」，[20] 甚至也可以像濮德培（Peter C. Perdue）那樣，理解為「十七世紀到十八世紀中葉，滿清、俄羅斯、蒙古-准格爾三個帝國交錯爭奪的Eurasia核心區域；[21] 同樣，也可以同意歷

---

[20] 「在明永樂帝統治後的文化與戰略收縮時期，這個靠近西北長城終點的邊疆要塞在中國人眼中更容易被視為文明與草昧之間的界線」，「（嘉峪關）是一個明確將中國內地十八行省與『關外』版圖相分隔的邊界」，直到十八世紀，這個「邊界」意義才消失。James A. Millward, *Beyond the Pass: Economy Ethnicity, and Empire in Qing Central Asia*, Stanford: Stanford University Press, 1998；中文譯本見《嘉峪關外：1759–1864年新疆的經濟、民族和清帝國》（賈建飛翻譯，香港：香港中文大學出版社，2017），〈導言〉，頁3–4。

[21] Peter Perdue, *China Marches West: The Qing Conquest of Central*

史上的雲南，未必是中國王朝的邊緣，而是一個印度文化和中國文化、漢地佛教與南傳佛教，以及泰、苗、彝、漢等族群交錯的核心區域；[22] 由此類推，我們也可以不再固守以「國家」為中心的歷史敘述，而把東亞海域周緣的日本、朝鮮、中國、越南、菲律賓等等，在一個以海域為核心的空間中，聯繫起來重新書寫一個「交錯的歷史」。

只有一個圓心（國家）的歷史敘述，始終會使得歷史書寫有中心有邊緣，中心往往清晰而邊緣常常朦朧，當歷史僅僅聚焦中心，邊緣總是會被捨棄；可是，如果有若干個圓心，劃出多個歷史圈，在這些歷史圓圈邊緣的彼此交錯中，就會有很多重疊。我們提倡「從周邊看中國」，也提倡「從周邊看日本」、「從周邊看韓國」、「從周邊看蒙古」，希望劃出若干歷史的圓圈，在這些彼此交叉的周邊地區重新觀看歷史，也許我們會看到很多不一樣的歷史風景。務必記住，古代帝國沒有邊界只有邊疆，這些朦朧的邊疆本身就可能彼此交錯。按照某種現代的定義，傳統「帝國」與現代「國家」不同，傳統帝國常常「沒

Eurasia（中國西進：清對中央歐亞的征服）(Cambridge: Harvard University Press, 2005), "Introdution," p. 1.

[22]　比如紀若誠 (C. Pat. Giersch) 的〈亞洲的邊界地區：清代中國的雲南邊疆變遷〉，就說雲南邊疆那個新月形地帶，是緬甸人、漢人、暹羅人長期交錯爭奪的地區，也是大清帝國逐漸擴張和開拓的地區，參看陸韌主編《現代西方學術視野中的中國西南邊疆史》卷首，頁 1–39。

有邊境」，它擁有廣闊的疆域，「包容一個無邊無際、四海如一的空間」；它也不是「單一」民族構成的國家，而是「包容了多個民族，因而皇帝／首領即『大汗』」；同時它的「臣民」不是「國民」，而是等級不同的各種子民，國家的統治方式也不是通過「制度」，而是通過「暴力」。[23] 相反，現代「國家」則是有明確的國境／邊界，有明確的獨立主權，它的人民是國民，國民以國家為基本單位來建立認同，而不是以地方、族群、習俗來建立認同；它也不是依靠權力、威望和神話來管理，而是由國民認可的國家機構依賴制度來管理；更重要的是，它有平等的國際關係。儘管歷史上的羅馬帝國、薩珊帝國、奧斯曼帝國、莫臥兒帝國還是中華帝國，都未必嚴絲合縫地符合這一定義，但傳統帝國確實內部常常呈現出制度上的差異、文化上的多元和疆域上的版塊，一旦解體就會分崩離析，就像古代羅馬帝國和近代奧斯曼帝國分解為不同民族不同宗教的若干國家一樣。[24]

---

[23]　參看哈特（Michael Hardt）與奈格里（Antonio Negri）《帝國》（楊建國、范一亭中譯本，南京：江蘇人民出版社，2003），頁4–8。

[24]　換句話說，也就是只有通過現代制度的建設，和國民認同的建立，消除國家內部的差異性，傳統帝國才容易轉型成為現代國家。這當然是政治學上的大問題，這裏從略。

四　傳統帝國與現代國家的糾纏

　　當然，在眾多古代帝國中，我仍然要強調，傳統中華帝國頗有一些特別之處，由於它的核心政治-文化區域即「漢族中國」相當龐大，儘管它的疆域和族群可能不屬於一個制度、一個文化、一個歷史，它同樣是一個跨族群、多文化的傳統帝國，但在傳統帝國向現代國家轉型的過程中，這一叫做「中國」的政治-文化核心區域仿佛宇宙中的黑洞一樣，用文化吞噬著周邊；或者像宇宙中的恒星，靠強力維繫著衛星。於是，在近代中國轉型過程中，便出現了異常複雜的情況，即我說的「從天下到萬國」與「納四裔入中華」兩個脉絡的互相糾纏。這種轉型的結果是什麼？我覺得，就是我在《宅茲中國》中曾說到的，作為一個核心穩定邊緣模糊的「中華帝國」，它的身後拖著漫長的「天下中央」、「無邊大國」的影子，使它總覺得自己是一個天下帝國。因而現代國家的轉型在中國，「並非從帝國到民族國家，而是在無邊『帝國』的意識中有有限『國家』的觀念，在有限的『國家』認知中保存了無邊『帝國』的想像，近代民族國家從傳統天下帝國中蛻變出來，近代民族國家依然殘存著傳統天下帝國意識」。[25]

---

[25]　參看葛兆光《宅茲中國：重建有關「中國」的歷史論述》(北京：
　　　中華書局，2011)，頁27，28–29。

伍

重思所謂「漢化」、「殖民」與「帝國」

　　那麼,這個穩定延續的核心政治-文化區域「中國」,有一些什麼特徵呢?

　　2010年,羅威廉 (William Rowe) 在他為卜正民 (Timothy Brook) 主編「哈佛帝制中國史」書系所著《中國最後的帝國 ── 大清王朝》中,曾經提出一個有意思的問題:「漢人」與「蠻夷」之間是否只是文化習俗的差異?他列舉了「漢」與「非漢」之間的一些差異,比如,漢人「以筷子進食,密集的定居農業,從夫而居的父系家庭制度,適切的葬禮與祭祀祖先,或是至少對精英階層而言,習得漢字書寫的能力」,而「蠻夷」則否。[1] 我

---

[1]　羅威廉 (William Rowe)《中國最後的帝國 ── 大清王朝》
　　　(*China's Last Empire: The Great Qing*,李仁淵、張遠譯,台大出

不知道他的這些舉例，究竟是深思熟慮的歸納，還是隨意而為的示例，不過，應該說他的做法很有趣，同時也提醒我，要說明「中國」，大概需要先對中國的核心政治-文化區域，也就是漢族及其文化做一個界定。

因此，我在《何為中國？——疆域、民族、文化與歷史》一書中曾經提出，作為漢族中國的——而不是兼容各族的中國的——文化，其特徵大概可以概括為：(1) 漢字書寫以及通過漢字思考，(2) 家庭、家族、家國，以及在這一基礎上形成的社會秩序、禮儀制度和儒家學說，(3) 三教並存的宗教信仰世界，(4) 陰陽五行的知識、思想與技術，(5) 天下中央的世界觀。[2] 後來，我在上海的一次演講中再次說明了這五個方面。[3] 我想，所謂「漢族中國」的文化——包括語言文字、鄉村秩序、婚喪禮儀、律令制度、宗教信仰、生活習俗、世界觀念的綜合文化——也許在這五個方面，可以與其他族群的文化做一個大致的界分，所以，我說這些文化特徵，是漢族中國「有」(或者比較明顯) 而其他族群「沒有」(或者不很明顯)。

可是，在歷史上談論漢族中國的文化，常常會涉及三個相

版中心，2013)，頁 106。

[2]　葛兆光《何為中國？——疆域、民族、文化與歷史》(香港：牛津大學出版社，2014) 第四章，頁 111–144。

[3]　葛兆光〈什麼才是「中國的」文化？〉，見《解放日報》(上海) 2015 年 9 月 13 日「思想者」專欄。

當棘手的概念。首先,是爭論不已的所謂「漢化」;其次,說到「漢化」又涉及一個意見相當分歧的概念「殖民」;再次,討論「殖民」則不能不討論,中國是否與近代以來的各種帝國一樣,也是一個「帝國」?

這一章就試圖重返歷史,討論這三個棘手的概念。

一　政治史與文化史:
如何重新理解「漢化」

我們先討論第一個問題「漢化」。

一說到「漢化」,有的歐美學者會很反感。最具有標誌性,也是最為中國學界熟悉的,當然是羅友枝 (Evelyn S. Rawski) 關於清朝「漢化」的論點。在1996年夏威夷舉行的全美亞洲年會上,羅友枝以前任會長身份發表演講〈再觀清代:論清代在中國歷史上的重要性〉("Presidential Address: Reenvisioning the Qing: The Significance of the Qing Period in Chinese History")。在這篇演講中,她提及何炳棣有關清朝成功統治中國是由於「漢化」的說法,[4] 她批評說,這是二十世紀

---

[4]　何炳棣的說法很早,見於Ping-ti Ho, "The Significance of the Ch'ing Period in Chinese History," *The Journal of Asian Studies*, 26, no. 2 (1967), pp. 189–195。

中國的漢族民族主義者的中國歷史詮釋，因此「去除『漢化』理論將成為今後一段時間中國歷史研究的中心議題之一」，她呼籲「重新評價許多統治過中國的少數民族對中國的歷史貢獻」；[5]1998年，羅友枝又在其著作《最後的皇朝：清代皇家機構的社會史》(*The Last Emperors: A Social History of Qing Imperial Institutions*) 中，再度表達一種超越漢族中心的「中國史」的觀點，[6]她認為，清朝能夠成功維持三百年的統治，並非像何炳

---

[5]　Evelyn S. Rawski, "Presidential Address: Reenvisioning the Qing: The Significance of the Qing Period in Chinese History," *The Journal of Asian Studies*, 55, no. 4 (Nov. 1996), pp. 829–850. 張婷中譯本 (李瑞豐校)〈再觀清代——論清代在中國歷史上的意義〉，收入劉鳳雲編《清朝的國家認同：新清史研究與爭鳴》(北京：中國人民大學出版社，2011)。見頁17。何炳棣的反駁，見 Ping-ti Ho, "In Defense of Sinicization: A Rebuttal of Evelyn Rawski's Reenvisioning the Qing," *The Journal of Asian Studies*, 57, no. 1 (1998), pp. 123–155。張勉勵中譯本〈捍衛漢化：駁羅友枝之《再觀清代》〉，亦收入劉鳳雲編《清朝的國家認同：新清史研究與爭鳴》。最近 (2016年)，柯嬌燕 (Pamela Crossley) 撰文批評一些中國學者 (主要是徐泓) 對這場爭論的理解，認為這一爭論被誇大了，實際上並不存在，羅友枝只不過是在演講辭提及何炳棣的觀點，她的演講主要並不在討論「漢化」，而討論「漢化」的兩段，主要也是在批評「20世紀漢民族主義者對中國歷史的詮釋」。

[6]　Evelyn S. Rawski, *The Last Emperors: A Social History of Qing Imperial Institutions*. Berkeley: University of California Press, 1998. 中文本改

棣等人所説的「漢化」或者「中國化」，而是滿族作為一個入主中原的群體，不僅依賴保持本身的特點，實施異於漢族的統治方式，而且有效地得到了蒙古等非漢族民族的支持。從這一點上來説，滿清統治者是以中亞諸族的大汗身份，而不是中國傳統的皇帝身份出現的，滿族只是利用了儒家的東西，滿清帝國和中國並非同義詞，而是一個超越了「中國」的帝國。[7]

「漢化」的説法確實有很多問題。不過，我似乎覺得，以上爭論多少有些「失焦」，因為「漢化」並不僅僅涉及清朝的統治是否以及如何成功，也不僅僅涉及滿族統治精英的文化認同。羅

題《清代宮廷社會史》(周衛平譯，雷頤校，北京：中國人民大學出版社，2009)。她在〈緒論〉中強調「本書不認為『漢化』是清朝統治獲得成功的主要原因，相反，本書得出了完全不同的結論：清朝成功的關鍵因素是其針對帝國之內亞邊疆地區主要的少數民族採取富有彈性的不同文化政策的能力」，頁9。

[7] 「新清史」(柯嬌燕認為沒有什麼「新清史」，這一點可以討論)學者非常強調滿洲或滿族文化獨立性。如歐立德 (Mark C. Elliot) 的《滿洲之道》(*The Manchu Way: The Eight Banners and Ethnic Identity in Late Imperial China*, Stanford: Stanford University Press, 2001) 認為，在統治中國幾個世紀後，有的旗人雖然會忘記母語，但他們那種征服者的精英意識，以及內外分離的自我認同感仍然保存著。他認為，一方面清朝統治者接受了漢族的統治標準和儒家正統，另一方面又保持了滿漢差異和滿漢界分。所以，他不同意滿族「漢化」(sinicization) 的説法，也不認為滿清是被漢化的王朝。參看 Preface, xiv.

友枝與何炳棣在對「漢化」進行爭論時，都過多聚焦在滿族統治者如何對大清帝國有效控制和管理這一方面，就連歐立德的《滿洲之道》(The Manchu Way) 也把滿人維持民族特性 (ethnicity) 與民族認同 (ethnic identity) 的問題，過多聚焦在大清帝國何以能夠在大多數漢人世界中「統治成功」上。[8] 但事實上，這不僅是一個政治史或制度史問題，也是一個文化史或社會史問題，「漢化」涉及這個帝國的疆域、族群、社會和文化的變遷。

從政治史或制度史的角度，我部分同意羅友枝的觀點，是因為她看到了清代作為多民族帝國的複雜性，清朝皇帝確實採取了不同的統治手段和政治制度，來維護這個多族群的帝國，並且努力維持滿族認同，以確保滿族統治。而且由於這種「分治」，使得這個帝國始終存在多元文化，正如她所說，即「他們操著各種與漢語相異的語言，篤信伊斯蘭教、藏傳佛教和薩滿教，在18世紀，其各自獨立的文化和信仰系統在清統治者的支持下，得以發展和保持」。[9] 但從文化史或社會史的角度，我也部分不同意羅友枝的觀點，這是由於她為了強調這種複雜性，似乎不太考慮「漢化」作為一個歷史與文化現象，很大程度上在這個帝國確實存在。這不僅因為清朝皇帝「參漢

---

[8]　Mark C. Elliot, *The Manchu Way: The Eight Banners and Ethnic Identity in Late Imperial China*, "Introduction," pp. 5–6.

[9]　羅友枝《清代宮廷社會史》(周衛平譯，雷頤校，北京：中國人民大學出版社，2009)「緒論」，頁2。

酎金」，借儒家經典論證帝國合法性，[10]不能只強調滿族認同，至少應當承認漢化是一種策略，而策略長久則成為習慣，正如葉高樹所説「其塑造認同的最大特點，在於民族共同體與多民族帝國的二元並存與並行」；[11]而且，還因為「漢化」確實存在，它不僅多多少少改變了滿族統治者的文化（例如八旗子弟「騎射國語」等特性，在十八世紀以後的退化），在很多區域（如廣西、雲南、貴州等），也確實改變了原本非漢族人群的政治、生活和習俗。

同樣，從文化史或社會史的角度，我也部分同意何炳棣的觀點，因為他列舉了「漫長的帝國時代（前221–1911）」各種各樣的歷史現象，既有從四世紀最混亂的時期到十世紀，族群、宗教、哲學與生活的「最終徹底的漢化」，包括「對漢族古典文學和歷史的瞭解，對儒家價值觀和行為準則的接受」，也有他提到的傅海波和陳垣等指出的宋以後各族「漢化」/「華化」，包括他們選擇漢族的生活方式、婚喪制度和價值觀念，特別是清代採用明代的政府體系、漢族的文字語言、儒家的

---

[10]　參看徐凱〈滿洲「漢文化」化與接續中華文明統緒〉，收入《田余慶先生九十華誕頌壽論文集》（北京：中華書局，2014），頁690–706。

[11]　葉高樹〈滿洲君主塑造政治認同的論述〉，載黃寬重主編《基調與變奏：七至二十世紀的中國》（台北：政治大學歷史系，2008），頁267–292。

禮儀制度，以及古代的經典文獻等。但是，從政治史或制度史角度，我卻不同意何炳棣的看法，不僅因為他覺得「中國人（按：實際上是漢族中國人）謙遜、沒有偏見、心胸廣闊，總是給有思想的外族留下良好印象」，認為「（漢化）通常是自發的而非強迫的」，這流露出他不自覺的大漢族中心主義傾向。而且，他把清代統治的成功，過度歸功於滿族統治者的漢化了。比如，他把康熙向孔子牌位行叩頭禮，雍正推崇禮儀名分以正人心風俗，乾隆寫漢詩等等都作為例證（而不是策略），「使滿族統治者博得了其臣民的絕大多數——漢人——的衷心擁護，並進而引領全國進入了一百多年的和平、繁榮和人口增長時期」。這也許過於誇大「漢化」的程度和作用了，因為不僅清帝國自有其獨特的政治軍事和宗教的控制方式，而且清帝國統治的並不只是「中國」即漢族政治-文化核心區域，還包括蒙古、回部和西藏，以及滿族龍興之地即東北三將軍管轄的地區。[12]

我們理解，西方學者批評「漢化」論，往往是基於捍衛多元文化合理性的自由主義立場。他們認為，中國學者常常不自覺地把「漢/中國」的文化當做普世文明，而把其他族群的文化當做需要改造的特殊文明（或落後文明），因此，從魏特夫

---

[12]　何炳棣〈捍衛漢化：駁羅友枝之《再觀清代》〉（張勉勵中譯本），劉鳳雲編《清朝的國家認同：新清史研究與爭鳴》，特別是頁50，40–42。

（Karl August Wittfogel，1896–1988），[13]到現在美國的「新清史」
研究者，他們始終在強調以下三點，(一)文化無高低文野之
分，各個族群有各個族群的認同，但「漢化論」卻表現出一種
漢文化的自大，認為中國文化是本土的、穩定的、獨有的，其
他民族都被這種魅力所征服；(二)統治中國的異族王朝，往
往有二元文化或多重機制(如契丹遼的南北院，清朝有管理外
國事務的禮部、管理邊疆異族的理藩院、管理內地十八省的
六部)；(三)最終形成的乃是混合文化，但「漢化」論總是假設
漢文化是單向影響，忽略了所謂「少數民族」對認同的選擇。
這當然是不錯的，但問題是，如果我們不把「漢化」當做帝國
的統治策略，也不把「漢化」看成僅僅是某一個族群文明的「勝
利」——關於這一點，下面還要討論——而只是視為一種曾
經在社會史和文化史上發生過的現象，那麼，完全否認「漢化」
是否也有一點兒矯枉過正？[14]

---

[13]　魏特夫根據1930年代人類學家提出的「涵化」或「文化互滲」
　　　(acculturation)理論，質疑「漢化」説，但是他也主要認為
　　　兩種文化衝突與融合，結果會產生第三種文化。見Karl A.
　　　Wittfogel and Feng Chia-sheng, *History of Chinese Society of Liao
　　　(909–1125)* (Philadelphia: American Philosophical Society, 1948),
　　　"Introduction"。

[14]　包弼德(Peter K. Bol)曾經提出一個説法，就是不要用「漢化」，
　　　而可以用「文化」這個詞(他的《斯文》一書書名大概也包含了這
　　　個意思)，因為當時女真人認定和追求的是普世的「文化」，並

確實，在傳統帝國時代，很多士大夫把漢族文化當作「普世文明」，常常會不自覺地認為唯有漢族才文質彬彬，有了這種「文明」才能建立理想「秩序」，因而使異族文明化，不僅是國家、官僚，也是士紳以及讀書人的責任。在沒有另外一種可以挑戰漢文化的異文化（如後來的西方文化）的時代（只有佛教傳入中國時，曾經短暫地衝擊過這種自以為是的文明觀念），推廣這種漢文化是很正常的，在歷史文獻中，有關異族被「漢化」的資料也確實很多。[15]其實，從漢代文翁「化蜀」到

不意識到這是漢族的「文化」。見Peter K. Bol, "Seeking Common Groud: Han Literati under Jurchen Rule," *The Harvard Journal of Asiatic Studies*, 47, no. 2 (Dec. 1987)；這個說法有一定道理，但是陶晉生並不同意，他說，因為在那個時代，沒有其他可以挑戰漢文化的異文化，所以漢族文化就被認為是普世文化，表面上這一用語避免了大漢族主義，但是事實上女真人的「文」之來源仍是漢文化。見陶晉生〈傳統中國對外關係的省思：以宋遼金時期為例〉，收入《漢文化與周邊民族——第三屆國際漢學會議論文集（歷史組）》（台北：歷史語言研究所，2003），頁1–23。

[15] 羽田亨〈漢民族の同化力說に就いて〉曾經引用1904年白鳥庫吉在東京帝國大學的講義和1936年王桐齡在東洋史談話會的講話，認為「漢化」是由於古代東亞漢文化程度最高，其他民族也以漢文化作為「最高標準」，因此，漢化常常是一種必然趨向（當然也有反向「胡化」的情況——引者）。但這種「漢化」並非僅僅是由漢族自己的力量，也是由進入中國的異族自己參

宋代王安石「一道德，同風俗」的歷史就可以看出，「毀淫祠，興學校」、「崇禮儀，嚴名分」、「讀經典，興科舉」等做法，既是傳統官僚士大夫覺得絕對應當遵循的文化舉措，也是歷代朝廷大力支持的政治策略，它確實曾經使得很多原本並非漢族的地區，文化發生了改變。[16]

請允許我用明清西南地區的改土歸流和苗彝漢化來說明這一點。長期以來，傳統漢族觀念世界中，對於西南苗彝都有一種文化歧視，乾隆年間的愛必達說雲貴非漢族人，如「苗、仲、仡、倮、瑤、僙之族，蜂屯蟻聚，大抵多疑尚鬼，嗜戰鬥，重報復，輕狡剽悍」。[17]以國內外現存清代各種《苗圖》為例，一方面它很寫實地描繪了貴州苗彝保持的原始、淳樸，或者可以說是很特別的風俗，其中包括不遵儒家（或漢族）禮法、剽悍好鬥、信巫崇鬼、葬不用棺、生食、男女私通不經媒妁等，所以，士大夫說他們「其性拙而愚，

與、承認並製造出來的。原載《東洋學報》二十九卷三、四號（1944），後收入《羽田博士史學論文集・歷史篇》（京都：同朋社，1957，1975），頁716–726。

[16]　參看葛兆光《七至十九世紀中國的知識、思想與信仰——中國思想史第二卷》（上海：復旦大學出版社，2000）第二編第三節〈國家與士紳雙重支持下的文明擴張〉，頁356–386。

[17]　愛必達《黔南識略》（貴陽：貴州人民出版社，1992）乾隆十四年「序」，頁15。

伍　重思所謂「漢化」、「殖民」與「帝國」　│　95

其風樸而俚」；[18]另外一方面，它也描述了苗彝與漢文化相近，或經過征服而變化的部分，如生苗自雍正十三年征服後，「盡皆守法」；谷藺苗「性剽悍，善擊刺，出入攜帶利刃鏢弩，諸苗皆畏之。今亦男耕女織……婚姻亦用媒妁」；貴陽附近宋家苗「言語文字悉與漢同……男耕女織，讀書入泮」，水仡佬「守法畏官，婚姻喪祭，俱循漢禮」，大頭龍家蠻「男女勤耕力作」等，[19]在各種《苗蠻圖》裏，「風俗漸變」都有類似叙述和描繪。[20]

　　當然，這既是一個移風易俗的文化史過程，也是一個充滿血與火的征服史過程。以清朝為例，從雍正四年(1726)擔任巡撫雲南兼總督事的鄂爾泰提議「欲安民必先制夷，欲制夷

---

[18]　《苗蠻圖冊頁》(巴黎：漢學研究所圖書館)卷末，乾隆五十一年(1786)丙午舫亭「識」。

[19]　以上均參看國內外收藏的清代各種《苗圖》，如《苗蠻圖》(劍橋：哈佛燕京圖書館)、《苗蠻圖冊》(台北：歷史語言研究所)、《黔省諸苗全圖》(「早稻田文庫」，東京：早稻田大學圖書館)、《蠻苗圖説》(東京：早稻田大學文學部)、《苗蠻圖冊頁》(巴黎：漢學研究所圖書館)等。國內收藏頗多，可參看李漢林《百苗圖校釋》(貴陽：貴州民族出版社，2001)。

[20]　有關台灣的《番社采風圖》也講其中一部分土著讀書識字，舂米耕作，就像漢人一樣；而《皇清職貢圖》的「歸化生番」也講，阿里山土著「語音頗正」、「歲輸丁賦」。這種使納入版圖的邊民「漢化」或「文明化」，其實是當時官僚士大夫甚至是朝廷的共識。

必改土歸流」以來，經過攻城拔寨，「填壕拔柵」，終於在雍正十二年 (1734) 由哈元生進上新的《苗疆圖志》，象徵著這個過去「無君長不相統屬」「各長其部割據一方」的「苗蠻」區域，終於併入帝國成為編戶齊民。也就是說，在「改土歸流」和「化生為熟」的過程中，不僅在行政管理上逐漸納入了同一「帝國」，這些原本「言語飲食，迥殊華風」的地區，在生活風俗上也漸漸地接近了所謂漢族「文明」。[21]

從社會史或文化史上看，這無疑這是極重要的轉變。自明代以來，官方在雲貴委任土司之外，又設立衛所進行控制，形成雙重體制。大量來自兩湖、廣西、江西甚至安徽、浙江、福建等地的移民，以及明清兩代征伐苗彝遺留下來的軍人，仿佛摻沙子一樣，逐漸改變了這些區域的族群成分和生活習俗，使得「生苗」的空間漸漸縮小，而「熟苗」的區域漸漸擴大，這種彼退此進的移動，在明清兩代繪製的各種西南的地圖上可以清晰看到。史料記載，從明代洪武二十八年 (1395)「詔諸土司皆立儒學」以來，永樂六年 (1408) 在雲南開始鄉試，宣德五年 (1430) 王翺在四川土司地區「遍設社學」，此後各地土司子弟漸漸入學甚至參加科舉，有的漢族官員甚至要求土司子弟「悉令入學，漸染風化」，「如不入學者，不准承襲」，[22]

---

[21]　以上參看魏源《聖武記》卷七，頁 302–305；《清史稿》卷五一二〈土司一〉，頁 14204。

[22]　分別見於《明史》卷三〈太祖〉，頁 52；卷六〈成祖〉，頁 85；卷

因此，這些地區確實呈現出「漢化」的趨向。[23]這種「漢化」的趨向在清代仍然延續，清王朝統治者曾經覺得，「夷俗不事詩書，罔知禮法」，[24]甚至想關閉非漢族地區的學校，免得他們學習了漢族人的「詩書」和「禮法」以後，變得更加難以治理，但派往這些地區的漢族士大夫官員，卻始終以建立政治與文化秩序為目標，仍然沿襲漢族文化傳統。對他們來說，似乎「以夏變夷」總是一個神聖的責任，而希望鞏固政治統治秩序的清王

一七七〈王朝傳〉，頁4699；卷三一〇〈湖廣土司‧保靖〉，頁7997等。

[23] 西南地區這些族群成分和生活習俗的變化，作為明清文化史的重要現象，在近年來很流行的《苗蠻圖》研究和「清水江文書」研究中，都可以找到證據。

[24] 例如乾隆三年三月貴州總督張廣泗上疏，説南籠廳自從雍正六年「改府以來，人文日盛」，請求比「照中學之例，取進文武童生各十六名，廩增缺四十名，設教授、訓導各一員」，便得到批准。見《清實錄》(北京：中華書局影印本)卷六十四「乾隆三年三月上」，頁8971。據郭子章《(萬曆)黔記》(據貴州省圖書館1966年油印本影印)卷三十〈科第表〉，貴州在明代宣德四年開始與雲南合試，到正統四年(1439)和正統七年(1442)才有赤水張諫、宣慰司秦顒中進士，見頁1–5。據説，明代解額每次不過二十一人，中進士的不過二三人，但是清代就不同了。參看田雯《黔書》(影印貴陽文通書局印民國「黔南叢書」本)卷上「設科」，田雯甚至建議貴州考生考試不必遠赴武昌，就在本地進行，頁6–8。

朝，也只能支持這一事業，這使得這些地方逐漸「漢化」。[25]

　　這是兩千年歷史中士大夫官僚們一以貫之的策略。按照清人嚴如煜的說法，「馭苗之方，當震勵兵威之後，必撫綏與防範並用」，你光是賞賜安撫是不行的，你總是築牆設哨也是不行的，他所說的「撫綏」，就包括所謂「教化」。[26] 嘉慶九年 (1804)，張澍在《續黔書‧序》中說，原來「黔之天則蠻烟蜮雨，黔之地則鳥道蠶叢，其人則紅革紫姜，其俗則鴟張鼠伏」，可是，經過清代征伐移民加上改土歸流，「易椎髻而冠裳之，刊芳梅而郡縣之，劖邛籠而守圍之，百餘年來，蓋浸浸乎濟美華風矣」。[27] 所謂「濟美華風」，其實就是化生為熟的意

---

[25]　羅威廉 (William Rowe) 對陳宏謀的研究，也說明「18世紀中華帝國勢力在西南地區不斷深入，被任命於西南的清朝官員的首要任務就是在當地推行『德化』，建立學校的目的是實現『教化』的重要內容之一」，而這個「化」，按照羅威廉的說法就是「孕育於孔子話語概念中」的。見〈中華帝國在西南的教育：陳宏謀在雲南 (1733–1738)〉，中譯本載陸韌主編《現代西方學術視野中的中國西南邊疆史》，頁91。更全面的敘述，可參看 William Rowe, *Saving the World: Chen Hongmou and Elite Consciousness in Eighteenth Century China*. Stanford: Stanford University Press, 2001。

[26]　嚴如煜《防苗備覽》(道光二十三年紹義堂重刻本) 卷二十二，頁14。

[27]　張澍《養素堂文集》卷四，轉引自譚其驤主編《清人文集地理類彙編》(杭州：浙江人民出版社，1990) 第三冊，頁503。

思；同樣，在有關雲南的《滇省夷人圖説》裏，嘉慶二十三年（1818）負責繪製的官員伯麟在跋裏也説，「百濮諸蠻，盡為編戶」，這叫「涵濡沐浴，馴悍為淳」。[28] 什麼是「編戶」？就是納入了帝國統一行政管理；什麼是「淳」？其實就是「變其土俗，同於中國」；所謂「同於中國」，按照當時統治者和知識人的看法，就是苗彝的生活習慣已經文明化了。清代學者賀長齡曾經這樣描述雲南苗彝，説那時西南苗彝漸漸讀書習禮，而且往往有人通過科舉取得功名，甚至「服食婚喪悉變漢俗，諱言為夷矣」。[29] 而佚名《百苗圖》中，也説到貴州的紫姜苗，原本「輕生好鬥，如遇仇人輒生啖其肉」，但「讀書應考」之後「見之有不識為苗者」。[30]

這很容易讓人聯想西漢「文翁化蜀」的故事。《漢書·循吏傳》中記載，廬江（今安徽）人文翁，是一個學習《春秋》的儒家學者，漢景帝末年當蜀郡地方長官，「見蜀地僻陋有蠻夷風，文翁欲誘進之」，於是選了一些人「親自飭勵」，並且把他們送到長安，「受業博士，或學律令」。幾年後「蜀生皆成就還歸」，

---

[28]　《滇省夷人圖説》（北京：中國社會科學出版社，2009）。

[29]　賀長齡《滇省西南諸夷圖説》（德國萊比錫民族學博物館藏本）「序」：「我朝聲教遠敷，諸夷與漢人雜居者，多知向化讀書習禮，不惟列庠食餼者比比而出，且綴科名登仕版者亦頗有人，服食婚喪悉變漢俗，諱言為夷矣」，頁1。

[30]　李漢林《百苗圖校釋》，頁48。

最終成為帝國的有用人才，改變了蜀地的文化風氣，甚至「蜀地學於京師者比齊魯焉」，就是說蜀地文化風氣逐漸與傳統漢文化淵藪齊魯相似，因而文翁也成為西漢最著名的「循吏」。[31]明清兩代的西南改造，大體上還是這一方式，從這一點來看，「漢化」論是不是也有一點點道理？我們僅僅從這些資料裏，就可以看到整個「改土歸流」的歷史過程中，一方面當然有血與火，有殘酷的征服，才把西南各民族逐漸納入帝國版圖、當作政府管轄下的編戶齊民；但另一方面在清帝國推動的「化生為熟」過程中，官員與士大夫也在強調男耕女織、識字守法、婚喪禮儀這樣的一些來自漢文化的生活習慣，也恰恰是「漢化」，即在推廣漢族風俗當作文明標準，來改造、馴服和想像那些邊陲民族。

二　同與異：
大清帝國也是「殖民主義」嗎？

接下來，第二個問題就是「殖民」。

最近二三十年裏，由於全球史成為歷史學界的一大潮流，相當多的歐美歷史學家，提出了一個對中國史相當有挑

---

[31]　《漢書》卷八十九〈循吏傳〉，頁 3625–3626。

戰性的説法：即東方的大清帝國對邊疆的政策，和西方即英、法、西、葡、荷等帝國的對外政策是一樣的。[32] 從全球史的觀點來看，大清王朝對西北的開疆拓土，以及對西南的改土歸流，不僅與同時期的歐洲各帝國的殖民地事業沒什麼兩樣，都是「近代早期」(early modern) 特別是 18 世紀全球殖民主義浪潮的一部分。所以，濮德培 (Peter Perdue) 用了「征服」(conquest) 一詞命名他的著作，並説，「清朝的擴張，其實也是十七至十八世紀全球史的組成部分。在這一歷史時期，幾乎在世界各地，新興的統一帝國都通過對外軍事征服方式來擴大領土，而移民、傳教士和商人則緊隨其後」。在這一方面，大清帝國與奧斯曼帝國很相似，它們都統治了很多的民族和廣大的疆域，只是兩個帝國結局不同，「它們都在 19 世紀末陷入崩潰境地，但奧斯曼帝國的疆域分裂成為幾個民族國家，而清帝國則被整合為單一的國民政權」。[33] 他還認為，大清帝國對西部的征服，如果作為一個全球史的事件來觀察，那麼，那個時代的 Central Eurasia 還不是

---

[32]　諸如平定金川、台灣歸來、駐守西藏、安南入貢、平定回部，即乾隆皇帝自詡的「十全武功」等，參看莊吉發《清高宗十全武功研究》(台北：中華書局，1987)。

[33]　濮德培〈比較視野下的帝國與國家：18 世紀中國的邊疆管轄〉("Comparing the Empire and State by Way of Discussing Border Control in 18th Century China")，牛貫傑中譯文，載《史學集刊》2014 年第 4 期，頁 37。

大清帝國以及後來中國的邊緣省份「新疆」，各種來自中國、俄國、印度和歐洲的宗教、貿易輻輳於此，在地緣上看，它更在俄國、准格爾、大清三個帝國之間；[34]西北如此，西南也如此，脫開以中國立場界定「中心-邊疆」的觀念來看，他們認為，西南苗彝也只是被明、清帝國殖民的地域和族群。美國學者何羅娜 (Laura Hostetler) 的《清代殖民事業：前近代中國的人種志與圖像學》以及喬荷曼 (John E. Herman) 的《雲霧之間：中國在貴州的殖民，1200–1700》，講的就是大清如何把西南苗彝族群逐漸變成編戶齊民，把西南地區正式納入大清版圖的故事。他們的書名中，都不約而同使用了「殖民」(*Colonial* 或 *Colonization*) 這個詞。[35]

---

[34] Peter Perdue, *China Marches West: The Qing Conquest of Central Eurasia* (中國西進：清對中央歐亞的征服), "Introdution," pp. 9–10.

[35] Laura Hostetler, *Qing Colonial Enterprise: Ethnography and Cartography in Early Modern China* (清代殖民事業：前近代中國的人種志與圖像學) (Chicago: The University of Chicago Press, 2001); John E. Herman, *Amid the Cloud and Mist: China's Colonization of Guizhou, 1200–1700* (雲霧之間：中國在貴州的殖民，1200–1700) (Cambridge: Harvard University Press, 2007). 對於這兩部書的中文評論，見吳莉葦〈比較研究中的陷阱——評勞拉·霍斯泰特勒《清代殖民地事業》〉，載《史學月刊》(開封) 2005 年第 6 期，頁 83–92；李林〈開化與殖民兩套詮釋話語的論爭與困境〉，載《中央研究院近代史研究集刊》第 80 期 (2013

清帝國對西北的平定是「征服」嗎？對西南的改土歸流是「殖民」嗎？再說得久遠一些，古代中國對於周邊異族也是「征服」與「殖民」嗎？就像說到「漢化」西方學者不贊成一樣，說到「殖民」，中國學者往往也會不高興。[36]中國學者會覺得，近代以來，中國一直受帝國主義欺負，差不多已經成了半殖民地，結果你們還說我們是「殖民」？但我以為應當理解，他們之所以用「殖民事業」這個詞，是另有歷史觀念與學術背景的。如果我們不在道德意義上評論「殖民」的功過是非，而只是把「殖民」當做一個（他們所說的「前近代」）全球史過程，似乎這也無可非議。通常，中國學者尤其是漢族中國學者不免有這樣的習慣：首先會沿襲古代中國「大一統」的歷史觀念和「中央-邊疆」的視角，其次也會受到晚清以來「五族共和之中國」與

年6月），頁151–170。

[36]　汪暉曾批評「（中國）殖民論」，認為這種把「殖民主義」套用在中國的清王朝忽略了「清朝帝國體制及其轉化過程」，「中國殖民主義這一概念在歷史描述中造成了解釋上的混亂」。但是，如果西南地區少數民族與周邊王朝都不承認清王朝為「中國王朝」，清代對於西南也曾有大規模的「移民」（以及軍事征服），那麼，我並不太理解他所說的「轉化過程」究竟為什麼可以證明清王朝對西南不是西方意義上的「殖民」，也似乎沒有說明清帝國的「殖民」，為什麼與其他帝國「殖民」有本質的不同。見《現代中國思想的興起》（北京：三聯書店，2004）上卷第一部「導論」，頁14–15。

「中華民族是一個」這種國族意識的影響，再次，甚至還會殘留古代「華夷」與「文野」的歷史記憶和文明進化論。因此，總覺得這些「苗彝」本來就是中國之邊緣，「變其土俗，同於中國」本來就是「進於華夏」，仿佛是從野蠻變成文明。甚至還會認為，古代中國的漢族與非漢族，主要也是「平等基礎上的互助關係，這是民族關係發展的主流」。

但是，「德以柔中國，刑以威四夷」，古代中國就深諳此理，[37] 開疆拓土的帝國何嘗如此溫柔敦厚？被征討的「蠻夷戎狄」固然被殺戮得很慘，去討伐的軍人同樣死傷無算。中唐杜佑就曾在《通典·邊防》中，痛心疾首地檢討盛唐的擴張，他說，僅僅是天寶年間，哥舒翰遠征吐蕃，兩萬人在青海島上，「不能救而全沒」；安祿山在天門嶺討伐奚與契丹，「十萬眾盡沒」；高仙芝遠征石國，在怛邏斯川「七萬眾盡沒」；而楊國忠去打閣羅鳳，「十餘萬眾全沒」，前後「沒於異域數十萬

---

[37] 近年來，中國一些提倡「天下體系」、「天下主義」的學者，始終不看這些明顯而眾多的歷史事實，憑著自己的想像，就說古代以中華帝國為中心建立天下秩序實行的是「德政」或「王道」。甚至還有學者認為「源自五帝之國的帝國概念與古代西方的帝國概念以及19世紀傳入亞洲的帝國概念有著顯明的區別：前者以德政為中心，而後者則是綜合絕對皇權和同一國家的權力形式」。見前引汪暉《現代中國思想的興起》上卷第一部「導論」，頁25。

人」。[38] 就連馬克思主義歷史學家范文瀾，也不能同意那種政治化的粉飾說法，1980年初，《歷史研究》發表了他寫於1962年的遺稿，在這份沒有發表的遺稿中，他就說古代帝國統治下的民族與國家之間、民族與民族之間、國家與國家之間，「完全依靠力量對比，大小強弱之間，根本不存在和平共處、平等聯合這一類的概念」。[39] 這就像前引文獻中所說的，「命將出師，恣行誅討」，「搜山盪谷，窮兵黷武」。[40] 以清代貴州「改土歸流」過程中平定苗彝反叛時為例，清王朝軍隊在鎮雄「連破四寨，斬首二千餘，盡焚其壘」，在威遠、新平「冒瘴突入，擒斬千計」，在清水江和丹江「潛舟宵濟，扼其援竄，突搗其巢」，[41] 這種所謂「文明化」過程，毫無疑問就像「殖民化」過程一樣，並不只是鶯歌燕舞，而是充滿了血與火。[42]

---

[38] 杜佑《通典》（北京：中華書局，1992）卷一八五〈邊防一〉，頁 4980–4981。

[39] 范文瀾〈中國歷史上的民族鬥爭與融合〉，《歷史研究》（北京） 1980年第1期，頁7。

[40] 《宋書》卷九十七〈夷蠻〉，頁2399。

[41] 魏源《聖武記》卷七，頁304–305。

[42] 1980年代改革開放之後，歷史學界對民族問題逐漸直言不諱，如芈一之〈從實際出發研討中國民族關係史中的幾個問題〉就說關於「融合」和「同化」的說法要分析，「許多民族加入到中華民族中來，有不同的途徑。大致說來，有的是自願遷進來的，有的是自己打進來的，有的是被打進來的，也有的是通過和親、經濟交流而進來的，總之，有的是主動的，有的是被動

讓我們回到清王朝是否「殖民」的問題上來。應當注意的是，近年來由於全球史背景下的歷史新解釋，在國際學界非常流行，這種全球史研究推動了一個新潮流，這個新潮流包括有關中國邊陲的歷史學和人類學研究。[43] 而這些有關中國邊陲的研究通常有兩類，一是討論中國現在的邊疆地區是怎樣被整合進帝國的。用他們的話說，就是那些西南地區的苗彝是怎樣被「殖民」，清朝是怎樣「征服西南，進行殖民，實現主權控制」，換句話說就是，這些原本由「土司」自主管理的「蠻夷」區域，是怎樣漸漸成為帝國直接管理的「中國」的；[44] 另一類是從人類學、民族志的角度，重新認識那些華夏邊緣的異族，他們是否從人種和文化意義上，就與內地漢族有所不同？他們是否是由於「他者」才逐漸產生「我者」意識，並逐漸形成自我認同的族群？他們在那個時代是否並不認同「中國」或「滿蒙漢」帝國？也就是說，他們試圖通過這種研究，來討論民族的「本質性」和「建構性」問題。[45]

　　　的，有的是自願的，也有的是被迫的」。前引翁獨健主編《中國民族關係史研究》，頁103。

[43]　關於這一研究潮流，中文介紹參看前引陸韌〈現代西方學術視野中的中國西南邊疆史研究〉，陸韌主編《現代西方學術視野中的中國西南邊疆史》卷首「代序」，頁1–39。

[44]　John E. Herman, *Amid the Cloud and Mist*, p. 1.

[45]　但是，無論是民族的「本質論」還是「建構論」，在現實中都必須解決一個麻煩的「國家認同」問題。如果各個民族原本就有

那麼，清帝國「殖民」說有沒有道理呢？我個人以為，它就與「漢化」說一樣，一半有道理，一半沒有道理（或者說，一半可以接受，一半需要修正）。為什麼說一半有道理呢？因為，這裏確實有可以引起我們反思的死角。十八世紀前後，世界上各個帝國「你方唱罷我登場」，奧斯曼帝國和莫臥兒帝國雖然處在衰落之中，但俄羅斯帝國卻逐漸向東向南侵蝕，而大清帝國卻迅速崛起，並且向西擴張，過去曾經橫行海上的葡萄牙、西班牙帝國雖然逐漸衰落，但歐洲的英、法、德帝國卻在向東方擴張，但正是這種擴張，逐漸引起了各個帝國的擠壓和碰撞，擠壓和碰撞的結果是，有的帝國萎縮，有的帝國衰落，有的帝國崛起，有的帝國膨脹，這當然是後話。但是，十八世紀中葉大清帝國恰恰在擴張的巔峰狀態中，乾隆一朝所謂「十大武功」，其實就是清帝國在「殖民主義擴張」中。正如前面所說，清代中國版圖相當廣大，其中邊陲的一些區域，並不能說自古以來就是中國的，歷史上，中國四周的疆域不斷變動。過去，中國學者撰寫中國史，常常會提及西漢設酒

　　　　歷史、文化甚至人種的差異，那麼，它將如何融入傳統帝國或認同一個現代國家？如果各個民族只是在歷史中由於「他者」才產生「我者」意識，從而形成各自的族群認同，那麼，各個民族又在一個什麼樣的基礎上，和睦相處在一個國家內？帝國時代的統治者或許不需要考慮這些問題，或許只要用不同方式分治各個族群即可，因為帝國是依靠強大的軍事力量支持其控制。

泉等四郡，張騫通西域，李廣利一直遠征到貳師城（今吉爾吉斯斯坦），也會提及張騫試圖經雲南通身毒，諸葛亮南征擒孟獲，當然更會提到大唐帝國在四裔的開疆拓土，似乎這些地方很早就已經納入中國版圖。其實，古代中華帝國的疆域不斷變化，正如我前面所說的，很多地方一直到唐宋時期還是化外之地，未必就是真的「中國」，更不必說收縮了的宋代和明代——清代直接繼承的是明代——西北西南的很多地方，都不在「禹域」之「內」。所謂「西域諸國」，在明代就連敦煌也已經不歸中國管轄，所以才有「嘉峪關外即非吾土」之語；所謂「千洞百蠻」，雲貴苗彝，基本還是由土司管理，和內地府廳州縣這種編戶齊民的政府管理還是有區別的。清代把西域拓為「新疆」，在雲貴「改土歸流」，帝國在邊緣族群的地區派駐軍隊，設置機構和官員，大量興辦學校，徵收齊民的賦稅，使這些地方逐漸「從異域到舊疆」，[46] 在全球史上來看，確實也可以稱之為「殖民事業」。[47]

那麼，為什麼我說「殖民」這個說法還有一半沒道理呢？這是因為當歷史研究者使用 colonization 這一概念的時候，我

---

[46] 參看溫春來《從「異域」到「舊疆」：宋至清貴州省西北部地區的制度、開發與認同》（北京：三聯書店，2008）。

[47] 古代中國向來有「酷吏」和「循吏」兩個治理傳統，這就是「霸王道雜之」。清王朝在雲、貴對付苗彝，也同樣是這兩手，叫「撫剿並用」。

們常常會被來自西方的「殖民」概念引發某種誤解，覺得清王朝對於西北、西南的殖民，和英法西葡等西方國家對亞非拉的殖民，無論性質、目的與方式都一樣。之所以我不能無條件接受「殖民」這個概念，是因為我無法簡單地把這一「殖民」和那一「殖民」等量齊觀，把大清帝國和西方列強在亞洲、澳洲、非洲和美洲的征服當作同一個「殖民」。以「改土歸流」為例，應當注意到，明清兩代的措施，基本上是(1)設置官吏，把邊陲之地與內地一樣「郡縣化」，(2)徵收賦稅，使異域之民等同內地一樣作為「編戶齊民」，(3)興學設考，讓殊方異俗逐漸改造同於內地文化。因此，以歐洲近代英法西葡荷的殖民來跟中國明清改土歸流進行對比，要看到有三個不同。第一，是跳出本土遠征海外，還是從中心向邊緣的逐漸擴大；[48] 第二，是為了掠奪資源，還是納入帝國；第三，是保持宗主國與殖民地的異質性，還是要逐漸把蠻夷與華夏同質化。[49] 所以，我很贊成西方學者能在全球史的新背景下，看到中西歷史確實有相似相近之處，但我也一直在提醒，西方學者也許應當注意

---

[48]　也有人把這種情況稱為「陸基帝國」、「內地延長主義」、「內部殖民主義」，見維基百科「殖民」、「內部殖民主義」條目。

[49]　因此，我們會常常認為這是傳統中華帝國的「文化主義」策略。我在《何為中國》第六章第二節中曾經說到這一點，不過現在看來，也許這一點不宜強調過頭，中華帝國控制疆域和文化影響的擴大，既有「文化主義」策略，即所謂向蠻夷推廣華夏文化的一面，也有通過軍事行為，即征服與殖民的一面。

到它們之間的差別。正如Lee Byung Ho在其博士論文 "Forging the Imperial Nation" 所說，中國從明清到近代的國家意識的轉變，並非從過去的「文化主義」轉變成後來的「國家主義」。他認為，中國和歐洲代表了兩種不同的模式，如果説歐洲模式是colonial national（殖民國家），那麼，中國則是patrimonial imperial（世襲帝國）。當然，從清王朝到現代中國的民族政策，其實仍然延續了後帝國時代（post-imperial）的一貫思路與做法。[50]

三　何謂「帝國」：
歷史中國何時是帝國？

現在可以討論第三個問題了，即歷史上的中國是一個帝國嗎？

2013年5月，歐立德（Mark Elliott）教授在中國復旦大學進行演講時曾提出有關傳統中國是否「帝國」的問題，後來，這篇演講辭以《傳統中國是一個帝國嗎》為題發表在中國的《讀書》雜誌上。在這一演講中，他不贊成把歷代王朝的中國都籠統地稱為「帝國」（諸如中華帝國），並且説傳統中國並沒有表

---

[50]　Lee Byung Ho的博士學位論文：" Forging the Imperial Nation," Yale University, 2009。

現出「典型帝國的性質」即「帝國主義」的侵略性的行徑。[51] 雖然歐立德沒有明說，我個人猜測，作為一個清史研究者，他大概會特別強調一個與傳統中國不同的清代，由於清帝國並非一個像宋明那樣的漢族國家，它疆域廣大、文化多元、族群複雜，所以更應當稱為「帝國」。在他與其他學者合編的那本明確標明「新清帝國史」的論文集 New Qing Empire History 中，他們就不是把北京，而是把承德放在視野中心，當作一個與傳統漢族中國中心的北京不同的 Inner Asian 或 Central Eurasia 帝國的首都，並以此顯示出大清帝國與歷代王朝不同的特質。[52]

---

[51] 歐立德〈傳統中國是一個帝國嗎？〉，載《讀書》(北京：三聯書店) 2014年1期，頁29。

[52] *New Qing Imperial History*, ed. by James A. Millward, Ruth Dunnell, Mark Elliott and Philippe Foret, London and New York: Routledge Curzon, 2004. 在導論 ("Introduction") 中，他們指出「從1703年到1790年，滿洲統治者開始改造承德，並且用它表現和慶祝這個帝國進入中亞和內亞，一個處於蒙古、西伯利亞、中國和朝鮮的滿洲人在十七世紀開始建立他們的帝國，然後瓦解了長城的分隔，使得中國和內亞都納入這一個帝國」，p. 2；他們強調承德作為內亞帝國中心的意義，因此，在這部書的第一部分就是「承德作為內亞首都」，收錄了羅友枝等人的三篇論文。參看 Phillippe Foret, *Mapping Chengde: The Qing Landscape Enterprise* (規劃承德：大清的景觀設計) (Honululu: University of Hawai'i Press 2000)。

可是，由於歐立德這篇演講引用了歐洲文獻來證明，很晚歐洲才把中國稱為「帝國」，更晚中國則自己把自己稱為「帝國」，這就引起一些中國學者的反駁，他們也從歐洲文獻中引經據典，反對中國被稱為「帝國」很晚的說法，[53] 這樣一來，似乎焦點被模糊了，問題似乎引向了有關中國稱為「帝國」的概念史。其實，這可能忽略了歐立德這篇演講的歷史背景和真實意圖。

我的看法很簡單，名實之間，先應當看「實」。關於傳統中國是否是一個「帝國」，不必先糾纏命名或概念，應當著重觀察歷史。儘管秦漢以來奠定了傳統漢族中國政治-文化核心區域的基本輪廓，但秦漢以來的各個王朝，仍往往試圖超越漢族中國的核心區域，只要王朝力所能及，它也還是會逐漸滋蔓延伸，開疆拓土。我在〈對「天下」的想像〉一文中曾以漢唐為例，[54] 指出漢武帝時代中國強盛，便多番征伐匈奴，五道進擊南越，同時攻打西羌，平定西南夷，更遠征車師，滅掉

[53] 曹新宇、黃興濤〈歐洲稱中國為「帝國」的早期歷史考察〉，《史學月刊》（開封）2015年第5期，頁52–63；又載方維規主編《思想與方法：近代中國的文化政治與知識建構》（北京：北京大學出版社，2015），頁306–323。

[54] 葛兆光〈對「天下」的想像——一個烏托邦背後的政治、思想與學術〉，載《思想》（台北：聯經出版事業公司，2015）第29期，頁1–56，特別請參看頁11–12。已作為〈附錄〉收入本書。

朝鮮。[55]一方面用策略，即所謂「東拔穢貉、朝鮮以為郡，而西置酒泉郡以隔絕胡與羌通之路」，一方面用武力，「斬首虜（匈奴）三萬二百級，獲五王，五王母」，「誅且蘭、邛君，并殺笮侯」，「攻敗越人，縱火燒城」，[56]這才造成龐大的大漢帝國疆域；同樣強盛起來的唐太宗時代，先攻打突厥，開黨項之地為十六州，四十七縣；再進擊吐谷渾，征討高句麗，遠征焉耆、龜茲。[57]正如古人所說，中外大勢是「我衰則彼盛，我盛則彼衰，盛則侵我郊圻，衰則服我聲教」，這並不奇怪，原來外族「兵馬強盛，有憑陵中國之志」，但唐初有了打遍四裔的武力，也就平定突厥，打敗薛延陀，收復回紇，鎮壓高句

---

[55] 漢武帝時代征伐匈奴，置武威、酒泉、敦煌、張掖四郡，在元鼎六年（前111），五道進擊南越，設南海、蒼梧、鬱林、合浦、交趾、九真、日南、珠厓、儋耳九郡，攻打西羌，也在元鼎六年，平定西南夷，並置牂柯、越巂、沈黎、汶山、武都等郡，仍是元鼎六年，接著遠征車師，俘樓蘭王，在元封三年（前108）。同時，又派遣大軍攻打朝鮮，最終朝鮮大臣殺國王衛右渠，衛氏朝鮮滅亡，漢置樂浪、臨屯、玄菟、真番四郡。

[56] 分別參見《史記》卷一百十〈匈奴列傳〉，卷一百十一〈衛將軍驃騎列傳〉，卷一百一十六〈西南夷列傳〉，卷一百一十三〈南越列傳〉。

[57] 唐太宗時期，李靖、侯君集等多次攻打突厥（629–630，640–641），開黨項之地為州縣（631–632，十六州，四十七縣），李靖進擊吐谷渾（634–635），大軍幾度征討高句麗（644–646，647–648），阿史那社爾遠征焉耆、龜茲（648）。

麗，不僅成就了大唐疆域，也使得唐太宗贏得所謂「天可汗」之稱。[58]

西方歷史學界對「帝國」有種種界定，我們不妨簡單選擇一例。詹姆斯・布賴斯（James Bryce）在描述中世紀帝國的時候，曾經歸納過「帝國」的三個要素，「第一個同時也是比較而言最不重要的原則是：國家作為一個君主國而存在。第二個是神聖國家的範圍和神聖教會的範圍完全吻合，……第三個是它的世界性」，[59]這當然說的是歐洲的情況，但大體上也符合東方世界。如果說，由不受制度約束，具有神聖光環（這在歐洲是由神聖教會賦予的）、軍事和政治權力的皇帝管轄，龐大而沒有邊界並時時表現出向外膨脹趨勢，並由不同形式不同制度管理多個族群、不同區域與異質文化，這就是「帝國」的話，那麼，即使在清代之前的「中國」，也有眾多族群，廣大地域和多樣文化，包括「粵之獞之黎，黔楚之猺、四川之㹇之生番，雲南之猓之野人」，因此，這個中國無論王朝是漢、唐還是宋、明，當然都可以算作「帝國」。可是，我也贊成這個看法，就是比起漢唐宋明來，蒙元特別是中國最後一個王朝大

---

[58]　以上分別參見《舊唐書》卷一九六下〈吐蕃下〉，頁5266，卷一九四〈突厥上〉，頁5155；魏征語，見卷一九四〈突厥上〉，頁5162；卷一九九上〈東夷〉引唐太宗詔書，頁5323。

[59]　詹姆斯・布賴斯《神聖羅馬帝國》（*The Holy Roman Empire*，孫秉瑩等中譯本，北京：商務印書館，1998），頁367。

清更像是一個「帝國」。[60]因為它的「世界性」,很多學者已經指出,在大清帝國疆域內,前面所說的這種帝國多元性與複雜性表現得格外明顯:

首先,帝國內有由六部管理的十八省(即傳統漢族中國部分),它是延續傳統中國郡縣制的道府州縣等行政,以及法律、賦稅、戶籍等制度,加上八旗駐防的方式來管理的。即使這十八省看上去在政治制度、文化風俗和語言文字上逐漸同質化,但是正如前面所說,內部也有差異,特別是西南地區苗彝部分,只是在「改土歸流」過程後,土官土司的權力漸漸消弱,這些地方逐漸才漸漸融入,而成為「中國」。這一區域,確實延續了古代「中國」的政治制度、文化傳統和生活習俗,因而它會被歐洲人視為「中國本土」(China proper),被日本人稱為「中國本部」(支那本部)。[61]

---

[60] 關於這一問題,可以參看程秀金〈新清史清朝統治模式之述評〉,載《學術月刊》(上海)2015年(第47卷)第6期,頁144–158。他一方面肯定美國新清史研究者關於清代的「內亞草原帝國論」和「早期現代帝國論」可以矯正「中原中心論」和「漢本位」缺陷,一方面批評新清史把內亞屬性放大,顛覆清代作為一個中國王朝的觀點是「本末倒置」。

[61] 對於歐洲知識界來說,這一方面是因為在清代,這個漢族為主的區域明顯延續了明代中國的制度與文化,容易被歐洲界定為「中國」,一方面也可能正如韓昭慶〈康熙《皇輿全覽圖》與西方對中國歷史疆域認知的成見〉所說,歐洲仍然以「中國本土」與

其次，帝國內還有理藩院，[62]理藩院管理蒙古、青海、西藏和回部（即所謂內陸亞洲部分）。[63]其中，內外蒙古（內蒙古有東四盟、西二盟，外蒙古則分喀爾喀、杜爾伯特、土爾扈特、和碩特四部）、青海則以部、盟、旗等行政，以及部落首領（札薩克）與中央官吏（都統），加上當地宗教領袖如藏傳佛

西藏、蒙古和回部分開，原因是「在清朝疆域自康熙以後發生變化的過程中，很長時間以來，只有清政府清楚地認識到這種變化，歐洲並不知曉這個過程，國內民眾也缺乏溝通渠道獲得這方面的消息」，載《清華大學學報》2015年6期，頁140。但是，日本的情況並不是這樣。關於這一點，可參看葛兆光〈邊關何處？——從十九、二十世紀之交日本「滿蒙回藏鮮」之學的背景說起〉，載前引《宅茲中國》，頁231–253。

[62] 蓋博堅（R. Kent Guy）在為台北中研院明清研究推動委員會所作的演講 "What sort of Regime was the Qing" 中提到牛津大學 J. H. Elliott 的「複合君主制」，即「由不同方式取得，在不同情境下之多重疆域，因此需要不同方式管理所形成的君主統治體」，他認為清帝國即如此，他也指出，這樣的帝國面臨種種難題，而清代理藩院就是一個創新的制度。見「2011明清研究前瞻」國際學術研討會演講（徐維里、吳佩瑾中譯文，林文凱校定）。

[63] 《清史稿》卷一百十五〈職官二〉「（理藩院）尚書掌內外藩蒙古、回部及諸番部，制爵祿，定朝會，正刑罰，控馭撫綏，以固邦翰」。它的職能包括「王會」（朝覲貢獻儀式）、「柔遠」（外扎薩克眾部）、「徠遠」（回部扎薩克、伯克，以及番子和土司）、「理刑」（蒙古、番、回的刑獄爭訟）等等，頁3298–3299。

教的喇嘛，實行管理；而藏區的康(喀木)、衛(前藏)、藏(後藏或喀齊)、阿里，則由藏傳佛教領袖(如達賴和班禪等活佛)與中央派出的官吏共同管理；至於回部即後來的「新疆」，在十七世紀中葉被大清帝國征服之後，則分別以內地相同的州縣制度(東路)、與蒙古類似的扎薩克制(北路及哈密吐魯番等地)和伯克制(南路)來管理，[64] 在這一個區域內也分不同的管理方式。[65] 直到清代後期的龔自珍、汪之昌，才意識到這種不同的統治方式，最初只是為了撫綏，但最終有很多問題，覺得應當「置省以控扼」，應當大量移民，應當建學校興科舉，應當推行內地的文化。[66] 可是，這個時候世界大勢已變，帝國轉型已經太遲了。

---

[64] 參看坂野正高《近代中国政治外交史 ──ヴァスコ・ダ・ガマから五四運動まで》(東京：東京大學出版會，1973) 第三章，頁88–92；王柯《東突厥斯坦獨立運動── 1930年代至1940年代》(香港：香港中文大學出版社，2013)，頁5–7。

[65] 穆彰阿、潘錫恩等《大清一統志・凡例》(《續修四庫全書》史部第613冊)特別指出，新疆「涵濡聖教，所設安西州、鎮西府、迪化州等，皆督臣所轄，既隸甘肅省；至伊犁之東西路，回部、准部自伊犁至和闐，……慕化各藩，左右哈薩克等部，舊次於蒙古各藩部之後者，今悉附新疆後」，頁5–6。

[66] 見龔自珍〈西域置行省議〉，原載《定庵文集》卷中，引自譚其驤主編《清人文集地理類彙編》第二冊，頁230–236；汪之昌〈新疆台灣置省議〉，原載《青學齋集》卷二八，引自譚其驤主編《清人文集地理類彙編》第二冊，頁239–240。

再次，在大清帝國的龍興之地滿洲，則又採取與內地略有不同的制度。在入關之後，清朝先是仿照明朝留都的制度，在盛京設有禮部、工部、戶部、刑部、兵部等，後來又設滿洲尚書管理五部。作為地方行政管理，則又在盛京設盛京將軍，又在吉林設吉林將軍，在齊齊哈爾設黑龍江將軍，保持著一種與內地十八省不太一樣的形式。一直到光緒三十三年（1907），清帝國面臨崩潰前夜，才下令「罷將軍，置東三省總督、奉天巡撫」，把這個滿族崛起的根據地，改為與內地相同的「行省」。[67]

　　乾隆五十三年（1788），洪亮吉為這個大帝國的行政區劃即州府縣編了一部書，在這部書的序言中，他很感慨地說，「國家膺圖百年，辟地三萬，東西視日，過無雷咸鏡之方，南北建門，逾黎母呼孫之外，光於唐漢，遠過殷周」。[68]可問題是，這個大帝國並不是那麼整齊清楚地都設置了州府縣來管理，相反，它內部的結構相當複雜，管理方式也有差異，[69]

---

[67]　《清史稿》卷五十五〈地理二〉「奉天」，頁1925。

[68]　洪亮吉《乾隆府廳州縣圖志》（《續修四庫全書》史部・地理類第625冊）「序」，頁7。

[69]　穆彰阿、潘錫恩等《大清一統志・凡例》中說：「一統志」包括：「首京師，次直隸，次盛京；次江蘇、安徽、山西、山東、河南、陝西、甘肅、浙江、江西、湖北、湖南、四川、福建、廣東、廣西、雲南、貴州；次新疆；次蒙古各藩部；次朝貢各國，凡五百六十卷」。值得注意的是，「京師」和「盛京」，

因為這種差異性很大的結構，使得統治者必須採用不同的方式來管理，因此就出現了新清史學者所說的，清朝皇帝有時候像傳統漢族國家的皇帝，有時候則像各個異族的大汗，有時候還像藏傳佛教的宗教領袖甚至是菩薩。同時，也正如前面提到的《新清帝國史》一書所說，北京與承德也分別承擔了不同職能，前者是一個傳統中國王朝的中心，而後者則是一個內陸亞洲帝國的首都。在帝國重大慶典的時候，不僅外藩朝鮮、安南、南掌、緬甸等國以及遙遠的哈薩克前來朝賀，而內屬的蒙古、回部及金川土司、台灣生番，也都會聚集到這個首都，[70]特別是很少到北京的西藏活佛，也會光臨這個內亞帝國的中心承德。[71]

全球史的視野，淡化了過去固定的「中心」與「邊緣」，也在更廣闊的範圍內重新觀察過去的歷史。因而，當我們用全球史視野，把歐洲、亞洲都放在早期現代世界歷史進程中來觀

須另行抬頭書寫，而「次」字，作為一種象徵區隔不同區域類型，頁3。

[70]　見《欽定大清會典事例》卷二九六（《續修四庫全書》史部第802冊），頁701。

[71]　還可以參看 Phillippe Foret, *Mapping Chengde: The Qing Landscape Enterprise*（規劃承德：大清的景觀設計）(Honululu: University of Hawai'i Press, 2000)。他指出，承德在蒙、滿、漢之文化交匯處，清王朝特意修建了西藏式的寺廟如外八廟，也修建了漢傳佛教式的寺廟如仿鎮江金山寺，這一象徵隱喻了對於漢滿藏回蒙支配性的大帝國。

看，正如萬志英（Richard von Glahn）所說，就不會把清王朝的歷史看成是孤立於世界之外的二十四史之後的一個王朝史，[72] 也許我們可以看到一個此起彼伏、交錯往復的圖景。我想，這是一個龐大的帝國，當疆域最大化的大清帝國在亞洲東部中部進入征服的巔峰狀態的十八世紀中葉，世界上其他帝國也此起彼伏。雖然莫臥兒帝國四分五裂，無法抵抗西北方外族和歐洲新興帝國的入侵，逐漸淪為英國殖民地；奧斯曼帝國則仍然維持它的龐大的領地，儘管它已出現停滯和轉化的趨勢；倒是日本帝國處在「鎖國」狀態，只是在長崎時不時與中國和歐洲進行貿易。但是，這個時代歐洲卻很活躍，俄羅斯帝國則在四面出擊，佔領大片周緣的領土；路易十五時代的法蘭西雖然被奪走了波蘭，但普魯士卻在崛起，而大英帝國更是在北美、印度大肆擴張。看看那個時代的世界景象，仿佛就像地球理論中的「板塊漂移說」所形容的一樣，各個帝國必將在沒有邊界的擴張中互相碰撞，最終形成新的世界格局。不幸的是，在後一個世紀的各個帝國的競爭與衝突中，大清帝國成為失敗者，漸漸成為被帝國主義和殖民主義欺負的弱國。

但是，這並不意味著過去幾千年即秦漢唐宋元明以及衰落之前的大清，不是一個具有「帝國主義傾向」的帝國。

[72]　見司徒琳主編《世界時間與東亞時間中的明清變遷》（趙世瑜等中譯本，北京：三聯書店，2009）下冊，序言。

結論

如何解釋「中國」？

在現代概念與古代歷史之間

　　以上是我對歷史上中國「內」、「外」之際的一些看法，也是我在《何為中國》出版之後，我對「中國」與「周邊」概念的再思考。

　　需要再次強調，過去我們說歷史中國的「內」和「外」，往往會不自覺地用現代國家框架來敘述傳統帝國的歷史。在現代國際體系中，國家必須有明確領土範圍，國家有邊界，邊界有海關，海關要護照、護照分國籍，商品有內銷和外貿，因此，現代國家比較容易區分出「內」和「外」。在現代世界體系中，作為一個「國家」，不僅需要有明確的領土、國民和政府，而且它還需要在國際上被承認，正如吉登斯所說，「一個國家如果不是在一個主權國家體系之中，如果它的主權

不被他國承認，它也就成不了主權國家」。[1]但是在傳統的帝國時代呢？「普天之下，莫非王土，率土之濱，莫非王臣」，帝國沒有「內」、「外」，只有遠近，只有胡漢華夷之遠近親疏。在中國歷史中，「天下」、「海內」、「六合」等等，常常被用來形容無遠弗屆的帝國，在某些儒生的理想世界中，這個帝國看上去「遠近小大若一」，似乎是一個既沒有邊界也沒有差別的世界，一些類似「天子撫馭四海，無分內外」之類的話會加班加點地使用，但實際上，無論在政治觀念還是制度上，帝國只是一個逐級外推的同心圓，有清晰而嚴格的等級，無論是早期以「王畿」為中心的「五服」或「九服」天下帝國設想，還是後來朝貢（冊封）體系中宴飲朝觀賞賜的班序或制度，都要有尊卑之別，儘管說古代中國的對外禮儀制度多少有一點兒「一廂情願」或「自我作古」，但在帝國之內還分三六九等的情況下，實際上並不可能對外部世界一視同仁。[2]

現代世界當然是由古代世界轉化而來，現代中國從傳統帝國中脫胎換骨，因此有時候現代中國遺留了傳統帝國的天朝中心意識，有時候朝貢冊封的歷史記憶也會在現代中國借屍

---

[1]　吉登斯《民族-國家與暴力》，頁331。

[2]　比如歷代正史中有關朝觀禮儀的規定，就把外國分為不同等級。又如日本史料中有關唐玄宗時期日本使臣在宴飲中與朝鮮爭奪位階的記載，就說明這種類似今天外交禮儀的接待方式，就連外國也意識到有等級差別。

還魂。但必須認識到，傳統帝國和現代國家的國際、族群、疆域、認同等已經根本不同，我們既不能用現代國家（如「領土」、「統一」）來想像古代帝國，也不能用古代帝國（如「大一統」）來理解或維護現代國家。[3] 有關「內」與「外」，從傳統的「宗主權」到現代的「主權」，[4] 從傳統的「邊疆」到現代的「邊界」，從傳統的「四夷」到現代的「國民」，已經發生了根本的變化。現在，有人因為現代中國有所謂「五十六個民族，五十六朵

[3]　僅舉最近的一例。王文光〈「大一統」中國發展史與中國邊疆民族發展的「多元一統」〉把古代中華帝國的「大一統」與解釋現代中國的「多元一體（統）」聯繫起來，説「中國是一個多民族『大一統』國家，幾千年來邊疆雖然多有變化，但是邊疆一直都是少數民族分佈的歷史格局從來沒有發生變化，所以，對於邊疆的治理並將之納入多民族『大一統』國家的範圍，就成了歷代政治家的理想目標之一」，「多民族『大一統』的思想與中國民族發展的『多元一統』格局互為表裏」。這實際上是認為，現代多民族國家的統一和邊疆管理，就是古代帝國「大一統」理想的延續。載《中國邊疆史地研究》2015年第4期（25卷4期），頁29–30。

[4]　關於傳統「宗主權」和現代「主權」的差異，請參看岡本隆司〈「主權」の生成と「宗主權」──20世紀初頭の中國とチベット・モンゴル〉，載《近代東アジアにおける翻訳概念の展開》（京都大學人文科學研究所附屬現代中國研究センター研究報告）（京都：京都大學人文科學研究所，2013），頁185–215。還可以參看：岡本隆司編《宗主權の世界史──東西アジアの近代と翻訳概念》（名古屋：名古屋大學出版會，2015）。

花，五十六個兄弟是一家」，就嘗試用「多元一體」的說法，來為當下中國現狀作歷史辯護，[5]也有人因為現代中國是「這個世界上唯一一個將前19世紀帝國的幅員、人口和政治文化保持在主權國家和民族範疇內部的社會」，便試圖提出一個特別的「跨體系社會」理論為它作合理性合法性的解釋，[6]這當然都可以討論。但需要警惕的是，如果仍然沿襲傳統帝國意識處理現代內外事務，如果為了將就現代國家的狀況來想像和解釋古代帝國的歷史，也許會「霧裏看花」或者「坐井觀天」。現代世界上，很多民族矛盾、宗教衝突和領土糾紛，往往來自這種不合適的「順說」或「倒推」。[7]不妨舉中國周邊的例子：越南的歷史著作往往把越南的歷史追溯到「百越時代」，以至於聲稱長江以南皆為越族之地，故其疆域「西抵西蜀，北至洞庭湖，南接占城」（如陶維英《越南歷史疆域》）；而韓國則認為扶餘、渤海、高句麗都是朝鮮古國，因而疆域一直要延伸到現在河北北部與山西西部，進而到「北平地區」，甚至百濟（同族之女真）還統治了長江以南的越州。[8]同樣，如果蒙古也始終想像成吉

---

[5]   費孝通〈中華民族的多元一體格局〉，原載《北京大學學報》
       1989年第4期，頁1–19。

[6]   汪暉《現代中國思想的興起》上卷第一部「導論」，頁21。

[7]   可以參看川島真〈近現代中国における国境の記憶——「本
       来の中国の領域」をめぐる〉，載《境界研究》no. 1 (2010)，頁
       1–17。

[8]   參看呂一燃〈發揚優良傳統，開創邊疆史地研究的新局面〉，

思汗時代的偉業，把蒙古的領土，不僅僅包括內蒙古，甚至包括整個歐亞，都看成歷史上蒙古帝國的領土，那麼會不會永無寧日，紛爭不斷？

毫無疑問，我們都生活在當代，免不了站在當代回看歷史，可是，當現代概念遭遇歷史事實的時候，我們應當意識到，所有現代概念在歷史中都模糊或衝突起來，無論是「中國」的「內」，還是「外」，都不那麼清晰和明確，傳統帝國時代的中國，疆域、族群、宗教、制度，都不那麼同一化和明確化，用現代國家狀況去反推，用現代國際秩序去理解，當然都會圓枘方鑿。最近，我看到日本學者村井章介《境界史の構想》一書，作為「最新講義」，這位著名的日本學者指出，「境界史」，也就是「疆域／領土」史對於日本的重要性在於，第一，日本國的疆域不是人們想像的那樣一成不變，儘管日本不像歐亞大陸那樣有劇烈的領土變遷，但是也並不是沒有變化的（他舉出蝦夷、琉球等為例），第二，作為國家的邊界與其他層次的邊界，彼此關係也很複雜（他列舉了日本國家以下的，如東國、鎮西、各藩等等），第三，境界／疆域史並不單純是疆域／境界的歷史，而也可以是體現在這種空間變動中的其他歷史，如文化史、民族史等等。[9]這是很有意思的想法，特別是

載呂一燃主編《中國邊疆史地論集》（哈爾濱：黑龍江教育出版社，1991），頁6–9。

[9] 村井章介《境界史の構想（日本歷史・私の最新讲义）》（東京：

傳統帝國時代「疆域」之「遠」與「近」和現代國家「領土」之「內」
與「外」，真是大不相同，因此，當我們明確這些歷史上的「內
外之際」，我們就可以重新理解何為「中國」；而當我們把這個
「中國」放在漫長的歷史過程中，我們就會承認——

第一，「中國」是在歷史中形成的。儘管我們承認現代中
國是「多元一體」的國家，但「多元一體」只是對現代中國狀況
的一個解釋，而歷史中國是「多元」卻未必「一體」，這個「一體」
是在歷史過程中，也是在現在和未來的努力中，也許才能達成
的。在歷史上，這個「中國」疆域不斷移動變化，因此，歷史
研究者不能用現代「中國」（大清、民國、中華人民共和國）的
領土與族群倒推歷史，把發生在現代中國境內的歷史統統算成
中國歷史，而是要從當時的歷史狀況來看，什麼才是「進入中
國」的歷史？因此，漢之與匈奴，唐之與突厥、吐蕃，宋之與
契丹、女真、西夏、大理，均應當看成是國際的歷史，他們之
間的戰爭在當時也不是「國內戰爭」而是「國際戰爭」。

第二，但是，這並不是說沒有一個「中國」。秦漢以來形
成的漢族中國政治-文化核心區域，制度、語言、文化、生
活和信仰具有相對穩定的延續性，這一可以稱為「中國」的政
治-文化區域的民眾，對此也有一定的認同，從秦漢到唐宋，

敬文舍，2014），「序」（はじめに），頁1–2。還可以參看村井
章介、佐藤信、吉田伸之編《境界の日本史》（東京：山川出版
社，1997）。

形成了觀念世界中的「華夷」之分與「中國」意識。所以，「中國」不可以全然認為它是「建構」的。秦漢以來的歷代王朝作為帝國，它一方面可以至大無外，強盛時可以籠罩相當廣袤的疆域、眾多的族群和多元的文化，另一方面它又可以至小無內，在政治-文化核心區域內具有相當的同一性。

　　第三，當然也必須承認，這個具有同一性的核心區域「中國」，也是五方雜糅而來的，我曾經用「疊加與凝固」來說明這一點。[10] 無論是漢代的匈奴或百越，中古的北方的鮮卑、氐羌或南方的洞溪濮蠻，隋唐的突厥、沙陀、回紇、吐蕃，還是蒙元與滿清時代的各種族群，在戰爭、通商或遷移過程中，在國家、官吏與士紳推動的「歸流」或「教化」等努力下，往往出現文化甚至族群上的雜糅與融合。我們不必特別忌諱「漢化」這個詞彙，就像我們同樣不必忌諱中國（尤其是清帝國）也曾是一個推動「殖民事業」的「帝國」一樣，中國確實曾經推動這種以漢族文化為主的「文明化」，只是後來這個來自漢族中國的「文明化」在近代被來自西方世界的「文明化」替代了而已。

　　第四，如今的「中國」（以及「中華民族」）是宋代以後，經歷蒙元、明朝，特別是滿清複雜的變遷才奠定的，由於宋代形成了嚴分內外的「中國」意識和「華夷」觀念，但此後的中國偏偏又經歷了兩個疆域廣闊的非漢族王朝，在近代向現代國家轉

[10]　參看葛兆光〈疊加與凝固──重思中國文化史的重心和主軸〉，載《文史哲》（濟南）2014年第2期，頁5–19。

型過程中還因為國族危機出現了「從天下到萬國」和「納四裔入中華」雙重脉絡，因此，如今的「中國」相當複雜，既是一個現代國家，又殘留了傳統帝國的想像。

第五，正是因為如今的「中國」兼有現代國家與傳統帝國的複雜性，它在以近代民族國家為基礎的現代國際秩序中，就遇到種種麻煩，無論「內」與「外」都遭遇困境。在現代經由條約建立獨立主權平等外交的時代，傳統對外的朝貢體系已經崩潰，在承認民族自決權力的時代，對內的羈縻／自治策略也往往遭遇挑戰，那麼，「中國」應當如何適應（或者改變）這一現實世界，就成為巨大的和棘手的問題。

2016 年 3 月 12 日初稿於上海

2016 年 4 月 21 日再修訂於上海

2016 年 8 月 30 日最後修改於芝加哥

附錄

對「天下」的想像

一個烏托邦想像背後的政治、思想與學術[*]

> 一種思想狀況如果與它所處的現實狀況不一致，則這種思想狀況就是烏托邦。
>
> ——《意識形態與烏托邦》（中譯本，頁196）

一個關於未來世界的烏托邦想像，近十幾年來，趁著當代中國膨脹的勢頭，借著西方新理論的潮流，穿著傳統中國文化的外衣，在中國大陸被反復叙說，這個烏托邦叫作「天下」。[1]

---

[*] 這篇文章，原本是為香港大學2015年3月召開的「烏托邦」會議撰寫的，後發表在《思想》（台北：聯經出版事業公司，2015）第二十九期。另有一個經過刪節的英文本："Imagining 'All Under Heaven': the Political, Intellectual and Academic

雖然我用「想像」這個詞形容「天下」，多少有點兒無視它在論說者那裏，已然影響到實際的「政治領域」和「制度層面」，但我仍然覺得，當它還沒有真的成為「國際關係」原則或「外交事務」政策的時候，我寧可在討論中暫且把它當成是學者的「想像」。當然我知道，這種有關「天下」的想像，近年來從哲學式的「天下體系」、政治化的「天下秩序」，到觀念中的「天下主義」，先不說它背後是什麼，至少它的左邊有來自西方的新帝國批判理論加持，顯得政治正確而義正辭嚴，右邊有來自傳統的公羊「三世說」護佑，看上去言之有據而歷史悠久。特別是它隱含的指向始終是要成為政府的、政治的和政策的依據，因此，在當今對美國主導現行國際秩序的質疑聲浪越來越高漲的情勢下，一個作為現行國際秩序替代方案的天下秩序，好像真的可以給我們的未來，帶來一個更加公正、平等與和平的世界。

Background of a New Utopia"，也即將出版。在此特別感謝王德威、梁其姿、錢永祥三位教授的邀請，也感謝 Michael S. Duke 和 Josephine Chiu-Duke 兩位教授的翻譯。

[1]　這類論著相當多，茲舉幾個重要的例子：盛洪《為萬世開太平》（北京：北京大學出版社，1999；增訂本，中國發展出版社，2010）；趙汀陽《天下體系：世界制度哲學導論》（南京：江蘇教育出版社，2005）；姚中秋《華夏秩序治理史》卷一（海口：海南出版社，2012）；李揚帆《涌動的天下：中國世界觀變遷史論（1500–1911）》（北京：知識產權出版社，2012）等等。

真的是這樣嗎？無論是與不是，這種滿懷期待使得有關「天下」的烏托邦想像，似乎真的有了所謂「從空想到科學」的可能。伴隨著所謂「中國崛起」，一些學界朋友已經迫不及待地在討論「世界歷史的中國時刻」。[2] 什麼是「世界歷史的中國時刻」？言下之意，自然是十九世紀是英國世紀，二十世紀是美國世紀，二十一世紀呢？當然就是中國世紀。既然二十一世紀是中國的世紀，就應當由中國主導世界秩序。這個由中國主導的世界新秩序，按照他們的說法就是重建古代中國的「天下」。他們興奮地發現，古代中國所描述的「天下」，不僅是地理意義上的「世界」，還是心理意義上的「民心」，更重要的它還是「倫理學／政治學」意義上的「一種『世界一家』的理想或烏托邦（所謂四海一家）」。

不過，千萬不要以為這些樂觀的學者，願意把「天下」僅

---

[2]　2012年12月，在北京召開了一次討論會，會議的討論記錄發表在《開放時代》(廣州) 2013年2期，題目就是「世界歷史的中國時刻」。這個說法大概非常被發明者珍愛，因此，《文化縱橫》(北京) 2013年6月號也發表了參與者大體相同的學者題為「世界秩序的中國想像」的筆談（這裏恰好用了「中國想像」這個詞），而其中第一篇就是署名「秋風」，即發起者姚中秋的文章，題目就是〈世界歷史的中國時刻〉。順便可以提及的是，這一期中，另兩篇文章題目頗聳人聽聞，一篇即歐樹軍的〈重回世界權力中心的中國〉，另一篇是施展的〈超越民族主義〉，其副標題為「世界領導性國家的歷史經驗」。

僅當做一個烏托邦，正如曼海姆所説，「當它（烏托邦）轉化為行動時，傾向於局部或全部地打破當時佔優勢的事物的秩序」，[3] 他們更願意打破現行國際秩序，讓這個「烏托邦」成為一種「世界制度」，以及由這一「世界制度」建立一個「世界政府」。

一　歷史中的「天下」：內外、華夷與尊卑

習慣於憑證據説話的歷史學家，並不太願意預測未來，為什麼？因為未來仿佛「天有不測風雲」。過去已經留下證據，論述容易言之有據，而未來口説無憑，存在太多的變數。不過奇怪的是，説未來的人卻特別喜歡綁架過去，總是試圖讓有據的歷史為無憑的未來背書，借過去的理想支持未來的想像。本來，我並不想討論「天下」觀念的歷史，因為在歷史學界，這是一個討論得相當成熟的話題，並不值得在這裏重複。不過，由於想像「天下」的學者，一面引經據典地叙説歷史上中國的「天下」如何如何，一面卻總是無視這些歷史學家的論著，因而使得我只好也來討論歷史，看看這些對於「天下」的所謂新説，是一種什麼樣的「非歷史的歷史」。

對於「天下」，有一種最具想像力的説法就是，古代中國

---

[3]　　卡爾·曼海姆《意識形態與烏托邦》(黎鳴等譯，北京：商務印書館，2000) 第四章，頁196。

的「天下」給現代世界提供了歷史經驗，因為那曾是一個萬邦
協和的大世界。據說，「天下」就是一個沒有「內」和「外」，沒
有「我」和「你」之分，所有的人都被平等對待的世界。「如果想
在政治上和文化上實現真正的穩定統一，就必須採用儒家的天
下主義立場，推行王道政治，實施天下方案」。[4]

　　這一說法究竟有多少歷史證據？當代論述「天下」的人
毫不在意。他們常常在歷史資料中挑挑揀揀，選出符合自己
口味的東西拼湊裝盤，顯得好像很有依據。可是作為歷史學
者，不能不重新回到故紙堆中讓證據説話。前面説過，古代
中國的所謂「天下」觀念，在歷史學界早已是舊話題，相關
的歷史資料和學術討論已經相當豐富，只是現代重提「天下」
的學者急於表達他們的新見解，而根本不看或者不願意看而
已。我想不必學究氣地一一羅列，僅舉其大者，二戰前就有
小川琢治〈支那戰国以前の地理上智識の限界〉，討論古代中
國的「天下」，收在他的《支那歷史地理研究》之中；戰後則如
日本安部健夫的〈古代中國的天下觀〉長篇論文，就收在1956
年哈佛燕京學社與同志社大學合作的「東方文化講座」系列出
版物中。而1982年台灣學者邢義田撰寫的〈天下一家 —— 中
國人的天下觀〉，也收在當年台北聯經出版公司出版的《中國
文化新論》之中；而説到大陸學者，則有羅志田的〈先秦的五

[4]　郭沂〈天下主義：世界秩序重建的儒家方案〉，載《人民日報·
　　　學術前沿》（北京）2013年3月（下），頁35。

服制與古代的天下中國觀〉，收在他1998年在台北東大圖書公司出版的《民族主義與近代中國思想》一書中。[5]

在以上這些論著裏，討論「天下」觀念的歷史學者，好像和現在試圖以「天下」當新世界觀的學者相反，他們都會強調一個關鍵，即古代中國人心目中的「天下」往往涉及「我」/「他」、「內」/「外」、「華」/「夷」，也就是「中國」與「四方」。以商代為例，無論是陳夢家、胡厚宣還是張光直，在討論商代甲骨文字資料以及考古發現的「亞」形墓葬或建築時，都指出古人以「自我」為中心產生出「周邊」（五方或四方）的觀念，因而常常有「四土（社）」、「四風」、「四方」的說法。這時的「我者」是殷商，「他者」是諸如羌、盂、周、御、鬼等等方國，「這些方國包圍的豫北、冀南、魯西、皖北和江蘇的西北，也就是商王聲威所及的『天下』了」。[6]很顯然，這一「天下」裏非常重要的是：**地理意義**上必然有中心與四方，在**族群意識**中就分「我」（中心）與「他」（邊緣），在**文化意味**上就是「華」（文明）與「夷」

---

[5]　邢義田〈天下一家——中國人的天下觀〉，載《中國文化的源與流》（《中國文化新論》之一，原為台北聯經出版事業公司1982年版，此處用大陸版：合肥：黃山書社，2012年新版）；羅志田〈先秦的五服制與古代的天下中國觀〉，載其《民族主義與近代中國思想》（台北：東大圖書公司，1998），頁1–34。此外，可參看葛兆光〈天下、中國與四夷〉，載王元化主編《學術集林》（上海：上海遠東出版社，1999）第十六卷。

[6]　前引邢義田〈天下一家——中國人的天下觀〉，頁289。

（野蠻），在**政治地位**上就有「尊」（統治）與「卑」（服從）。

　　「普天之下，莫非王土，率土之濱，莫非王臣」，古代儒家論述的「天下」，其實往往關鍵在「以天下之大，四海之內，所共尊者一人耳」。[7]現代人看重的「天下遠近小大若一」，只是後來尤其是漢代公羊學家提出的理想。其實，如果稍稍看一看古典文獻就可以知道，三代以來，王所控制的「中國」之外，還有鞭長莫及的「四裔」。因此大凡言及「天下」，多會涉及「中國」和「四方」。眾所周知，最早「中國」可能只是河洛一帶（如「宅茲中國」），但中原族群漸漸擴張，它成為核心文明與核心族群對於自我疆域的稱呼，因此，在早期古文獻中，雖然有時候「天下」只是「中國」，[8]不過隨著核心區域逐漸擴大，對外部世界知識也在增長，一些原本四夷的漸漸融入中國，而漸漸膨脹的中國擁有了更遙遠的四夷，人們口中的「天下」有時候指的是「中國」，有時候則包括了「中國」和「四夷」。[9]前者如《戰

[7]　陳立《白虎通疏證》（北京：中華書局，1994）卷二，頁47。
[8]　渡邊信一郎《中國古代的王權與天下秩序》（徐沖中譯本；北京：中華書局，2008）引韓國學者金翰奎説，頁13。
[9]　前引渡邊信一郎《中國古代的王權與天下秩序》在討論圍繞「天下」的學説史時，就説在日韓學者裏面，一種意見是「天下」乃是超越了民族、地域並呈同心圓狀擴展的世界，或將其理解為世界秩序、帝國概念之類（如田崎仁義、平岡武夫、金翰奎），一種意見是「天下就是中國-九州」，將其理解為處於強力統治權下的國民國家概念」（如山田統、安部健夫），頁9–15。

國策‧秦策三》裏范睢説的，「今韓、魏，中國之處，天下之樞也，王若欲霸，必親中國而以為天下樞，以威齊、趙」，[10]這裏以「天下」與「中國」對舉，大概「天下」只是「中國」，周邊異族和異文明就是與「中國」相對的「四夷」，就像《史記‧秦始皇本紀》裏面秦二世詔書説的，「天下已立，外攘四夷」。[11]後者則如《禮記‧禮運》裏面常常被引用的那一句「以天下為一家，以中國為一人」，[12]這裏「天下」比「中國」要大，後來《白虎通‧號篇》所謂「天子至尊，即備有天下之號，而兼萬國矣」，「天下」就包容了萬國，不僅是中國，也包容了四夷。[13]

漢代之後特別是到了隋唐，「天下」越來越兼帶「中國」與「四夷」。[14]原本，這種「天下」在古代有各種稱呼，比如〈禹貢〉、《國語‧周語上》、《周禮‧職方氏》裏面的「五服（王畿與甸、侯、賓、要、荒服）」或「九服」（王畿與侯服、甸服、男服、采服、衛服、蠻服、夷服、鎮服、藩服）。但無論如何，

---

[10] 《戰國策》（上海：上海古籍出版社，1978）卷五〈秦三〉，頁190。

[11] 《史記‧天官書》裏面也説「秦遂以兵滅六王，并中國，攘四夷」。

[12] 《禮記正義》卷二十二，《十三經注疏》，頁1422。

[13] 陳立《白虎通疏證》卷二，頁57。

[14] 前引渡邊信一郎書也引用歷史學者高明士的説法，指出到了隋唐時代，「天下」就往往是象徵「自中國向東亞至於全世界，呈同心圓狀擴展的結構」，頁13。

內外、華夷、尊卑都是分得很清楚的,所以,漢初人撰寫〈王制〉,為大一統的「天下」立規矩,就說「中國、戎夷、五方之民,皆有性也,不可推移」,[15]此後,無論如何變化,在這些想像和觀念中,一個極為重要的判斷始終貫穿其中,這就是在這個「天下」裏:

(一)有「內」與「外」的區別。大地仿佛一個棋盤,或者象一個回字形,由中心向四邊不斷延伸,「內」是以「九州」(冀、兗、青、徐、揚、荊、豫、梁、雍)為核心的,這就是後來「中國」的基礎,而「外」則是所謂「四裔」,即《周禮・大行人》裏的「九州之外,謂之藩國,世一見,各以其所寶貴為贄」,就是一個世代才帶了各自寶物來中國朝見一次的「東夷、北狄、西戎、南蠻」。[16]

(二)有「華」與「夷」的不同。自己所在的地方,是「天下」的中心,也是「華夏」即文明的中心,中央的文明程度遠遠高於四裔(也就是「蠻夷」)的文明程度。[17]在這個文明格局中,

[15] 《禮記正義》卷十二,《十三經注疏》影印本,頁1338。

[16] 《周禮注疏》卷三十七,《十三經注疏》,頁892。

[17] 民族學家馬戎也指出,傳統中國的族群觀念中,一是以東亞大陸的「中原地區」為世界文化、政治人口核心區域,形成「天下觀」,二是給「天下」族群分類時,以中原文化作為核心,構築起「夷夏觀」,三是以華夏文化教化四裔蠻狄戎夷,有教無類的「一統觀」,這三個觀念很有趣地交融在一起。見氏著〈中國傳統「族群觀」與先秦文獻「族」字使用淺析〉,收入關世杰主編

文明程度與空間遠近有關，地理空間越靠外緣，就越荒蕪，住在那裏的民族也就越野蠻，文明的等級也越低，

（三）有「尊」和「卑」的差異。文明等級低的四裔應當服從中國，四裔僅僅可以得到較低的爵位或稱號，享受比較簡陋的禮儀服飾，其政治上的合法性，要得到中央（皇帝）的承認（冊封），並且要向中央王朝稱臣納貢，用《國語·周語上》中祭公謀父的説法，「甸服者祭，侯服者祀，賓服者享，要服者貢，荒服者王」，如果不按照這種要求侍奉中央，「於是乎有刑不祭，伐不祀，征不享，讓不貢，告不王。於是乎有刑罰之辟，有攻伐之兵，有征討之備，有威讓之令，有文告之辭」。[18]

我想特別強調一點，儘管把隻言片語「選出而敍述之」來進行「抽象繼承」或「創造詮釋」，也是一種哲學史式的取

《世界文化的東亞視角》（北京：北京大學出版社，2004），頁390。

[18] 《國語·周語上》（上海：上海古籍出版社，1988），頁4。這裏可以補充一點，日本學者尾形勇〈漢代における「天下一家」について〉中指出，「天下一家」的説法，有三個層次，一是以「家」的內部秩序擴大為國家秩序，二是政權歸於一家一姓，天下一統，三是帝王權力之外，抑制所有的私家，在這個意味上實現天下一家。在以上三個層次中，第一個是從儒家思想的立場陳述理想的國家秩序，因此與現實國家秩序應當有所區別，對此，第二和第三個則應當理解為反映了漢帝國的國家秩序和權力構造的重要側面。載《東洋史論叢──榎博士還曆記念》（東京：山川出版社，1975），頁151–152。

140 ｜ 歷史中國的內與外

向，[19]但是從歷史學角度看，古代詞語的解讀需要有具體語境和歷史背景，而且古代中國的觀念也往往不是一個放諸四海而皆准的「硬道理」，它往往要放在相近的觀念群中一起理解。比如「大一統」的政治理想，要和「華夷之辨」的差序秩序放在一起，你才能知道這個「大一統」中，並不是「若一」而是有內外遠近之差異的；「有教無類」這樣的教育理念，要和「君子野人」的等級秩序和「勞心勞力」的社會分工聯繫起來，你才能體會到看似無差別的教育理念，恰恰是以古代中國等級差別制度為基礎的；「夷狄則夷狄之，中國則中國之」這種泛文化的民族觀念，也要和「懷柔遠人」這樣的世界理想放在一起，你才能知道這種看似平等的文化理念，其實背後也有用文明說服野蠻的意思；同樣，「萬邦大同」這樣的遙遠願景，也要與「天下歸心」這樣的世界雄心連在一起，沒有「周公吐脯」的氣派和「稱雄一代」的實力，你只能成為「萬邦」中的「一邦」，卻成不了「天下」皆歸於我的英雄。單純抽出「天下」二字來，認為這是一種充滿「平等」和「和諧」的世界觀，恐怕不僅是反歷史的歷史想像，充其量只是表現一種浪漫情懷和崇高理想，難免這樣的諷刺，即「拔著自己的頭髮離開大地」或「乘著概念的紙飛機在空中飛」。

有沒有「遠近小大若一」，既兼容又和諧，能和平共處的

---

[19]　這是馮友蘭的方法，參見《中國哲學史》(北京：中華書局重印本，1984) 第一章，頁1。

「天下」呢？[20] 也許，除了《禮記・禮運》之外，還可以舉出《墨子・法儀》中的「今天下無大小國，皆天之邑也」和《荀子・儒效》中的「四海之內若一家」作為證據，說這就是古代中國人的思想。其實，說「思想」當然可以，說「理想」或許更加合適。過去，錢穆在《中國文化史導論》中也曾經說過，「當時所謂『王天下』，實即等於現代人理想中的創建世界政府。凡屬世界人類文化照耀的地方，都統屬於唯一政府之下，受同一的統治」，他把這個天下統一的狀況，用〈中庸〉裏的「今天下車同軌，書同文，行同倫，舟車所至，人力所通，天之所覆，地之所載，日月所照，霜露所墜，凡有血氣者，莫不尊親」來證明，認為這就是「全世界人類都融凝成一個文化團體」。[21] 現在提倡「天下主義」的學者，其實只是當年錢穆先生的舊調重彈。

但是容我坦率地說，這種理想的「天下」充其量只是古代學者的「思想著作」，卻不是歷史中的「政治現實」。[22] 就連《荀

[20] 趙汀陽在一次與韓國學者題為〈天下體系論 —— 超越華夷秩序，走向烏托邦〉的訪談中，說到「天下體系論的兩個核心原則，一是兼容，另一個是和諧」。見〔韓〕文正仁《中國崛起大戰略與中國知識精英的深層對話》（北京：世界知識出版社，2011），頁33。

[21] 錢穆《中國文化史導論（修訂本）》（重印本，北京：商務印書館，1994）第二章，頁37。

[22] 已經有人指出，「天下」觀念本身隱含著整體主義、華夏中心

子‧正論》也說，無論如何還是要分諸夏和夷狄的，「諸夏之國，同服同儀，蠻夷戎狄之國，同服不同制。封內甸服，封外侯服，侯衛賓服，蠻夷要服，戎狄荒服。甸服者祭，侯服者祀，賓服者享，要服者貢，荒服者王」，這叫做「視形勢而制械用，稱遠近而等貢獻，是王者之至也」。[23] 如果不納貢不臣服，怎麼辦呢？那當然只好用武力解決。《偽古文尚書‧武成》有一句話叫作「一戎衣，天下大定」。可見，沒有超邁群倫的軍事實力，就沒有大國定天下的權威，[24] 所以杜甫〈重經昭陵〉才說唐太宗李世民，是「風塵三尺劍，社稷一戎衣」。傳說中，古代夏禹大會天下，雖說百獸率舞，萬邦協和，但防風氏的部族首領遲到，就要被殺掉。更不要說對於周邊的蠻族，《左傳》裏面這類例子很多，如「晉侯曰：戎狄無親而貪，

主義和倫理中心主義，自從秦漢統一以來，天下主義就面臨著理想與現實、政治認同與文化認同的糾纏，包含著兩種解釋的可能。見朱其永〈天下主義的困境及其近代遭遇〉，原載《學術月刊》（上海）2010年第1期，頁49–54。

[23]　王先謙《荀子集解》（北京：中華書局重印「諸子集成」本）卷十二，頁220。前面所引《荀子‧儒效》中的「四海之內若一家」一句，後面緊接著的兩句，就是「通達之屬，莫不服從」，還是強調有主從之分。同上卷四，頁77。

[24]　《尚書‧武成》：「一戎衣，天下大定」（注：衣，服也。一著戎服而滅紂，言與眾同心，動有成功）。雖然〈武成〉一篇是偽古文，但漢代以後作為經典，它的思想一樣具有經典和權威的意義。見《十三經注疏》，頁185。

不如伐之。……戎，禽獸也。獲戎失華，無乃不可乎」（襄公四年）；「梁由靡曰：狄無恥，從之，必大克」（僖公八年）；「蠻夷戎狄，不式王命，淫湎毀常，王命伐之，則又獻捷」（成公二年）。你可以看到，整個春秋戰國，一會兒是「南蠻北狄交錯」，一會兒是「王命征伐，靡有孑遺」。

　　中國歷史上的「天下」何嘗是德化廣被、四裔大同？「華夏-中國」的誕生，何嘗是協和萬邦、和合萬國？就連提倡「天下體系」的學者，也不能不承認「事實上的古代中國帝國的確與『天下/帝國』理想有相當的距離，以至於在許多方面只不過是個普通的帝國」，但奇怪的是，他們仍然堅持這一烏托邦想像，說這個古代帝國「在文化追求上一直試圖按照『天下/帝國』的文化標準去行事」，沒有異端、天下為公、世界是一個完整的政治單位、優先考慮的不是領土開拓而是持久性問題、朝貢只是自願的系統。[25] 可是，真的是這樣嗎？以現代某些學者標榜的「結束戰國時代，建立起天下主義文化的文明」或者「終結了中古混亂，建立起天下帝國」的漢、唐盛世為例罷。漢武帝時代，中國強盛，便多次征伐匈奴，五道進擊南越，同時

---

[25]　趙汀陽〈天下體系：帝國與世界制度〉，先發表在《世界哲學》2003年第5期，頁20，後收入其《沒有世界的世界觀》（北京：中國人民大學出版社，2005），頁33；然後再作為其《天下體系》一書的部分，頁77。

攻打西羌、平定西南夷、遠征車師、滅掉朝鮮，[26]一方面用策略，即所謂「東拔穢貊、朝鮮以為郡，而西置酒泉郡以隔絕胡與羌通之路」，一方面用武力，「斬首虜（匈奴）三萬二百級，獲五王，五王母」，「誅且蘭、邛君，並殺笮侯」，「攻敗越人，縱火燒城」，[27]這才造成大漢帝國無遠弗屆的天下；同樣強盛起來的唐太宗時代，先攻打突厥，開黨項之地為十六州，四十七縣，再進擊吐谷渾，征討高句麗，遠征焉耆、龜茲；[28]正如古人所說，中外大勢就是「我衰則彼盛，我盛則彼衰，盛則侵我郊圻，衰則服我聲教」，一旦外族「兵馬強盛，有憑陵中國之志」，而中國始終相信蠻夷是「人面獸心，非我族類，強必寇

---

[26] 漢武帝時代征伐匈奴，置武威、酒泉、敦煌、張掖四郡，在元鼎六年（前111），五道進擊南越，設南海、蒼梧、鬱林、合浦、交趾、九真、日南、珠厓、儋耳九郡，攻打西羌，也在元鼎六年，平定西南夷，並置牂柯、越巂、沈黎、汶山、武都等郡，仍是元鼎六年，接著遠征車師，俘樓蘭王，在元封三年（前108）。同時，又派遣大軍攻打朝鮮，最終朝鮮大臣殺國王衛右渠，衛氏朝鮮滅亡，漢置樂浪、臨屯、玄菟、真番四郡。

[27] 分別參見《史記》卷一百十〈匈奴列傳〉，卷一百一十一〈衛將軍驃騎列傳〉，卷一百一十六〈西南夷列傳〉，卷一百一十三〈南越列傳〉。

[28] 唐太宗時期，李靖、侯君集等多次攻打突厥（629–630，640–641），開黨項之地為州縣（631–632，十六州，四十七縣），李靖進擊吐谷渾（634–635），大軍幾度征討高句麗（644–646，647–648），阿史那社爾遠征焉耆、龜茲（648）。

盜，弱則卑服，不顧恩義，其天性也」，唐太宗贏得所謂「天可汗」之稱，還是因為有打遍天下的武力，平定突厥，打敗薛延陀，收復回紇，鎮壓高句麗，戰爭中的情形不用多說，總之是「從軍士卒，骸骨相望，遍於原野，良可哀嘆」。[29]

有人覺得，古代天下之間以禮往來，「強調心之間的互惠，即心靈的互相尊重和應答」，這恐怕只是想像。其實，就連漢宣帝都懂得，不能純任儒家德教，要霸王道雜之。[30] 政治秩序的達成和學者書齋裏的想像，真是差距太大。[31] 通過感化或教化，用文明說服世界，在典籍文獻中可能有，但真正歷史上看到的，更多的卻是霍去病墓前的馬踏匈奴。英雄出現和大國崛起，主要靠的是血與火。儘管我們也希望國際秩序建立在道德、仁愛和理智的基礎上，但在實際政治和歷史中，秩

---

[29] 以上分別參見《舊唐書》卷一九六下〈吐蕃下〉，頁5266，卷一九四〈突厥上〉，頁5155；魏征語，見卷一九四〈突厥上〉，頁5162；卷一九九上〈東夷〉引唐太宗詔書，頁5323。

[30] 漢宣帝語，見《漢書》卷九〈元帝紀〉：「宣帝作色曰：漢家自有制度，本以霸王道雜之，奈何純任德教，用周政乎？」這實際上指出了古代中國政治制度，並非單純用儒家學說和道德教化的實際情況，頁277。

[31] 可以注意徐建新〈天下體系與世界制度——評《天下體系：世界制度哲學導論》〉，見《國際政治科學》（北京）2007年第2期（總10期），頁113–142。這篇文章的網絡版有一個很有意思的題目，叫「最壞的國際關係理論與最好的天下理論」。

序卻總是要依靠力量和利益。這是沒有辦法的，就算是唐宋以後，周邊各國已經可以與中國相頡抗，中國已經從「八尺大床」變成了「三尺行軍床」，但是在心中還是想重溫「天下帝國」的舊夢，「未離海底千山黑，月到中天萬國明」，但一敗再敗之下，只好在實際中守住漢族中國那一片疆土，在想像中做一做「萬邦朝天」的大夢。在中國終於「睜開眼睛看世界」之前，儘管在實際知識上，古代中國至少從張騫出使西域起，就已經在實際上瞭解了相當廣闊的世界，儘管在國家處境上，已經處在列國並峙的國際環境之中，但有趣的是，在觀念世界裏，中國始終相信一種〈王制〉裏面描述的「天下」，把它當成「理想國」。[32] 一旦有了機會，他們常常還是想回到漢唐時代。現在提倡「天下」的學者，也許還是在這種追憶和想像的延長線上。

　　漢唐就不必再說，不妨再看較晚的歷史。十四、十五世紀之交，在蒙古天下帝國之後重建的漢族大明王朝，其基本疆域只是「十五省」，在北元仍有勢力，大明自顧不暇的帝國初期即洪武、永樂時代，他們也曾列出若干「不征之國」，試圖對於鞭長莫及的異邦不聞不問，免得招惹太多麻煩。但當王朝內部逐漸穩定，他們就想到「天無二日」，希望重回「天下秩序」和「朝貢體制」。可是，中國這時已經不復漢唐。首先，日本就不樂意了，像懷良親王（1329–1383），就在給明朝皇帝的

[32]　據說，某學者重新翻譯和解說柏拉圖《理想國》，認為應當易名為「王制」。

信裏說，雖然你很強大，但「猶有不足之心，常起滅絕之意」，但是你有興戰之心，我有抵抗之法，「水來土掩，將至兵迎，豈肯跪途而奉之」。[33] 接著，傳統屬國朝鮮也不樂意了，說你用嚇唬小孩子的方法威脅我，其實，你自己濫用武力，根本就不能以德服人，於是，便採取在朝貢圈子裏虛與委蛇的方法。[34] 再接下去，安南也不願意服從這個「天下」，儘管洪武年間安南曾經遣使尋求冊封，可安南的國內事務卻不希望明朝插手，儘管明朝皇帝威脅以「十萬大軍，水陸並進，正名致討，以昭示四夷」，但他們始終對明朝陽奉陰違。永樂年間，明朝軍隊南下征討，試圖併安南入版圖，便遭到他們的殊死抵抗，因為他們認為這是中國「假仁義，荼毒生靈，則是一殘賊耳」。明朝雖然總是自稱仁義之師，但在安南看來就是「入寇」，因為在他們心裏，中國是中國，安南是安南，「天地既定，南北分治，北雖強大，不能軋南」。[35]

---

[33]　這封信雖然不見於《明實錄》，但收在明嚴從簡《殊域周知錄》卷三中，應當可信。《續修四庫全書》史部第735冊，頁509。

[34]　洪武二十六年 (1393)，李朝太祖對左右說，明太祖以為自己「兵甲眾多，刑政嚴峻，遂有天下」，但是他「殺戮過當，元勳碩輔，多不保全」，反而總是來責備我們朝鮮，「誅求無厭」，現在又來加上罪名，要來打我，真像是在恐嚇小孩子。見吳晗編《李朝實錄中的中國史料》(北京：中華書局，1980) 第一冊，頁115。

[35]　〔越〕吳士連《大越史記全書》卷十，頁497、550。

明朝永樂皇帝説過這樣一段話：「帝王居中，撫馭萬國，當如天地之大，無不覆載。遠人來歸者，悉撫綏之，俾各遂所欲」，[36]仔細體會，這就是「欲遠方萬國，無不臣服」的意思。[37]日本限山隔海，有些無奈，只好把它當作「荒服」，聽之任之；朝鮮相對臣服，也不成為肘腋之患。但如果可以劍及履及，就也會動用武力。例如鄭和下西洋，原本就是「耀兵異域，示中國富強」，並不像「宣德化而柔遠人」那麼和諧溫柔，所以《明史》裏面説，「宣天子詔，因給賜其君長，不服則以武懾之」，[38]而鄭和自己也説，「番王之不恭者，生擒之；蠻寇之侵掠者，剿滅之」。[39]從這種角度看，你才能理解永樂一朝有關「天下秩序」的邏輯，為什麼會先興「問罪之師」，試圖平定安南歸入明朝版圖，再以「安南之鑒」震懾南海，[40]然後派

[36]　見《明太宗實錄》(台北：中研院史語所，1962)卷二十四「永樂元年十月辛亥」，頁435。

[37]　《明史》(北京：中華書局，1974)卷三三二〈西域傳四・于闐〉，頁8614。

[38]　《明史》卷三〇四〈宦官一・鄭和〉，頁7766。

[39]　鄭和等〈天妃之神靈應記〉，載鄭鶴聲等編《鄭和下西洋資料彙編》中冊(下)(濟南：齊魯書社，1980)，頁1019–1021。

[40]　參看王賡武〈永樂年間(1402–1424)中國的海上世界〉指出，「派使出海是永樂皇帝展示中國強大實力的重要手段」，「運用入侵越南這一事例警示其他國家」，載《華人與中國：王賡武自選集》(上海：上海人民出版社，2013)，頁177。

寶船南下，沿途有擒殺舊港酋長、俘虜錫蘭國王、生擒蘇門答臘偽王等等使用武力的舉動。[41]

可能，這會讓人想到弱肉強食的「叢林法則」。這確實不那麼美妙，可如果僅僅從文本上認為，古代中國的天下「指向一種世界一家的理想或烏托邦(四海一家)」，說它是「中國思想裏不會產生類似西方的『異端』觀念的原因，同樣，它也不會產生西方那樣界限清晰、斬釘截鐵的民族主義」，因而「天下」超越了國家，「堪稱完美世界制度之先聲」，[42]甚至還越界說到古代中國史，把冊封／朝貢體系說成是以「禮制」來處理國家與國家事務，並不強調「政治認同」而是凸顯「文化認同」，恐怕這都只是一廂情願。回看歷史，歷史並不這樣溫柔與和睦。雖然「叢林規則」是現代列強主導世界時常有的現象，使得power決定分配和秩序，但我們看東亞歷史，在所謂「朝貢體系」或者「天下體系」之中，何嘗不也是強者在制定游戲規則，弱國不服從規則，就會引發血與火呢？某些學者說古代中國的「天下」，是一個沒有邊界的世界，是一個沒有「內」和「外」，沒有「我們」和「你們」之分，所有的人都被平等對待的

---

[41]　參看楊永康、張佳瑋〈論永樂「郡縣安南」對「鄭和下西洋」之影響〉，《文史哲》2014年5期，頁106–114。

[42]　趙汀陽《天下體系：世界制度哲學導論》(南京：江蘇教育出版社，2005)，頁41、51及〈前言〉。

世界，雖然用心良苦，出自善意，不太好說是痴人說夢，但它也一定不是歷史。

所以，我們說它是「烏托邦」。

二　崛起到夢鄉：
有關「天下想像」的政治背景

儘管關於「天下」的討論，在1990年代中期就已經開始，[43] 但我仍然打算用2005年出版的《天下體系：世界制度哲學導論》一書作為討論的起點。[44] 這不僅是因為這部哲學著作，是比較全面討論「天下」的著作，而且因為此書透露不少有關「天下」討論的政治背景與思想脉絡。其中，有三點格外

---

[43]　像盛洪〈從民族主義到天下主義〉一文，1996年就提出「天下主義」，原載《戰略與管理》1996年1期，頁14–19（後收入盛洪《為萬世開太平》）。第二年即1997年，盛洪還與張宇燕對話，討論到這些有關天下主義的問題。見盛洪《舊邦新命：兩位讀書人漫談中國與世界》（上海：上海三聯書店，2004），頁16。

[44]　趙汀陽的論文〈天下體系：帝國與世界制度〉發表較早，見《世界哲學》（北京）2003年第5期。據此文第一個注釋說明，文章最初寫於2002年。後來便成為《天下體系：世界制度哲學導論》一書的基本部分。

值得注意：（一）《導論》一開頭提到「重思中國」是因為「中國經濟上的成功」，這種成功使得「中國成為世界級的課題」，這說明，「天下」作為一個重要話題，與1995年之後特別是21世紀以來的「中國崛起」有很大關係，這是「天下」想像的政治大背景；（二）在討論「天下」之前，此書特別醒目地引述薩義德有關「文化帝國主義」和哈特（Michael Hardt）和奈格里（Antonio Negri）有關「帝國」的語錄，這透露了中國有關「天下」的新見解，與國際理論界有關「帝國」的討論，可能有某種連帶關係；（三）此書在討論「天下」的時候，特別強調「無外」，並且引述從先秦到明清的中國論述，認為在「天下」裏，文化或者文明是主要的基礎，「天下體系」中沒有「異端意識」和「敵對關係」；「天下」抑制了軍事化帝國的發展趨勢，設想了一個世界制度；在「天下」中，「領土占有」不再重要而是帝國持久性重要；它是一個世界性單位而各個民族國家只是地方性單位，「禮」成為自願朝貢國與中央王朝的基本原則等等。[45]這也讓我們看到，這些所謂「天下」的新論述，往往來自一些對傳統儒家尤其是公羊學說的現代版解讀，這些解讀把古代理念加以現代化詮釋，並且與現代世界秩序和國家關係的論述掛鈎。因此，我們下面需要逐一討論。

首先，我們來看「中國崛起」作為「天下」理論風行的背

---

[45]　趙汀陽《天下體系》，頁77–80。

景。最初，「天下主義」可能只是作為「民族主義」的對立面，即「世界主義」的同義詞被提出來的，[46]但非常吊詭的卻是，「天下主義」很快成為「（現行）國際秩序」的批判性概念和「世界主義」的替代性方案。1996年，一位學者發表論文，討論中國是否應當從民族主義走向到天下主義，正式提出這一有關「天下主義」的概念，但這時被濃墨重彩凸顯的，卻是「向西方主導的國際秩序的公平與道德合法性發起挑戰」。雖然應當説，這位作者未必認同民族主義，但有趣的是，他對中國的民族主義的不滿，卻是因為中國的民族主義「是一種成色不足的民族主義」，[47]更因為「近代以來，中國採取民族主義，只是一種道德上的讓步」，[48]本質上就像土耳其的「自宮式現代化」，因此，

---

[46]   比如被認為是自由主義學者的李慎之1994年在〈全球化與中國文化〉一文中説「在這個加速全球化的時代，在中國復興而取得與世界各國平等地位後，中國的文化應該還是回復到文化主義和天下主義——在今天説也就是全球主義」，載《太平洋學報》1994年2期，頁28。

[47]   盛洪〈從民族主義到天下主義〉，收入其《為萬世開太平》，45頁。

[48]   盛洪語，非常奇怪的是，他把這種民族主義作為「道德上的讓步」與新儒家所謂「道德坎陷」聯在一起，也見於上引《為萬世開太平》，頁45；這一段概括的總結，來自江西元〈從天下主義到和諧世界：中國外交哲學選擇及其實踐意義〉，載《外交評論》2007年8月（總97期），頁46。

中國應當由讓步和退守的民族主義，轉向籠罩和進取的天下主義。[49]

是什麼原因使得「天下主義」會在世紀之交的中國大陸學界，從世界主義轉化為「偽裝成世界主義的民族主義」，並且希望這種主義從想像變成制度化的政治秩序？簡單地說，當然是所謂「中國崛起」引起的興奮和刺激。[50] 從1990年代中期的「中

---

[49]　《文化縱橫》原本有一個「世界觀」欄目，討論諸如外交與國際關係等問題，比如2013年2月號的《民族主義與超大規模國家的視野》討論中國外交；但到2014年，則特別設立了「天下」欄目，以討論中國與中國之外的世界之關係。如2014年2月號談的是菲律賓民主政治，8月號討論中國資本在柬埔寨，10月號兩篇文章分別討論中國資本在緬甸與南蘇丹的問題等等。

[50]　王小東在〈中國的民族主義與中國的未來〉中說，中國在克服了1980年代自我貶低的「逆向民族主義」之後，1990年代開始出現「正態民族主義」，他提到一個很有意思的現象，即中國民族主義的一個重要來源，是海外經驗的刺激。許多被列為「中國的民族主義者」的人是曾在西方留學過的中國人。如張寬，他因對西方持批判態度而被「自由派」知識分子憤怒地形容為因個人在西方境遇不佳而怨恨西方的人；盛洪，他到美國訪問了一年後寫了一篇〈什麼是文明〉，認為中國文明優於西方文明，從而掀起了一場討論；張承志，在國外轉了一圈後寫了〈神不在異國〉及其他許多文章，因其原有的知名度及文筆的優美，掀起了中國思想界的一場更大的討論」。因此，才有「中國命運不能交由別人掌握」的強烈想法以及「美國要把中國踩在腳下」的深切感覺，特別是，在中國崛起背景下，中國已

國可以説不」、「中國仍然可以説不」、「中國為什麼説不」、「中國何以説不」到2000年代的「中國不高興」，再到2010年的「中國站起來」，[51]在一種歷史悲情加上現實亢奮的情緒刺激下，一些沉湎於「天下想像」的學者們覺得，現在中國經濟持續高速增長，中國物質力量有極大發展，為了捍衛中國在全球的利益，不僅應當「持劍經商」，而且還要在世界上「除暴安良」，更要「管理比現在中國所具有的更大更多的資源」，這才是「大國崛起的制勝之道」。[52]他們認為，中國在過去190年來「從弱變強，硬實力持續提升的大趨勢所帶來的，不僅僅是國族世界地位的上升直至世界秩序的重構，同樣深刻地影響著每個自覺國人的心理、觀念、視野和行為」。[53]因此，意圖反抗美國霸權的學者和試圖復興被壓抑的儒家學說的學者，便剛好找到契

經不能滿足於「發展中國家」這樣的地位。

[51]　關於這方面的著作很多，如馬立誠《當代中國八種社會思潮》（北京：社會科學文獻出版社，2012）第一部分第六章；以及黃煜、李金銓〈90年代中國大陸民族主義的媒體建構〉，載《台灣社會研究季刊》第五十期（2003年6月），頁49–79。

[52]　王小東語，見宋曉軍、王小東、黃紀蘇、宋強、劉仰等《中國不高興》（南京：江蘇人民出版社，2009），頁99。據策劃者張小波説，「它是1996年出版的《中國可以説不》一書的升級版，在過去的12年裏，中國國內外的形勢發生了巨大的變化，但有一點沒有變，那就是中國和西方攤牌」。

[53]　歐樹軍〈重回世界權力中心的中國〉，《文化縱橫》（北京）2013年6月號，頁95。

合點，不約而同地提出在這個全球治理呼聲愈來愈高的時代，「國力日益強大的中國，應當接續道統，重拾儒家『以天下為一家』式的世界觀念。這一觀念體系，更宜於在一個衝突四起而又利益粘連的世界中維持公義與和平」。[54] 他們宣稱，「中國不能不承擔起世界歷史責任，這是中國的『天命』所在」，因為世界在這個時代出現了新問題，他們追問：「這是一個世界，還是兩個世界？中國與美國能否共同治理世界？中國處於上升階段，一旦超過美國，世界將會怎樣？」[55]

很有趣，「天命」這個古代論證皇權神聖性的老詞兒，最近，竟然異乎尋常地屢屢出現在中國現代學者口中，不僅僅是正面提倡「天下」的新儒家學者。先是被稱為「中國民族主義旗手」的王小東，他在2008年出版了一本題為《天命所歸是大國》的書，書的中心意思在副標題裏很清楚，就叫「要做英雄國家和世界領導者」。[56] 最近一位社會學家，也在《紅旗文摘》上就

---

[54]　這種論述，近年來在中國學術界和思想界相當流行，見〈封面選題：反思中國外交哲學〉之「編者按」，以及盛洪〈儒家的外交原則及其當代意義〉，載《文化縱橫》2012年第8期，頁17、45。

[55]　姚中秋 (秋風)〈世界歷史的中國時刻〉，載《文化縱橫》2013年6月號，頁78。

[56]　王小東《天命所歸是大國：要做英雄國家和世界領導者》(南京：江蘇人民出版社，2008)。

中國共產黨的「天命」發表了談話，認為這個天命包括「恢復和我們的人口、國土以及我們的歷史記憶相稱的亞洲大國」、「喚起一種近代百年的屈辱意識，以及加快追趕的要求」即「中華民族偉大復興的命題」。[57] 還有一個學者説的很清楚，就是中國一旦取代了美國，將如何安排這個國際的秩序？他的回答是，在內，由儒家守護中國價值，對外，以中國人的世界秩序安排天下。他認為，這就是「世界歷史的中國時刻」，而「這個時刻將會持續一代人或者半個世紀」。[58] 就在本文寫作的 2015 年初，這位學者再次發表文章談「中國的天命」，因為「只有中國人能阻止歷史終結，也即文明普遍死亡的悲劇」，為什麼？就是因為各個文明中，只有「中國人最有可能帶給世界以真正文明的天下秩序」。[59]

這種讓人心情澎湃的説法，在另一個由自由主義轉向國家主義的學者那裏説得更加悲情和激動。他説，一百多年來西方對於中國，就是掠奪、壓迫、陰謀，現在，他們已經出現危機，而中國正在強大起來，中國就要拯救西方，結果是

[57] 「中國共產黨今天還在引領這個民族，完成社會轉型這樣一個歷史重任，這個歷史重任還在，也就是『天命』還在」。見曹錦清、瑪雅〈百年復興：關於中國共產黨的「天命」的對話〉，載《紅旗文摘》2013 年 7 月 9 日。
[58] 同前引姚中秋 (秋風)〈世界歷史的中國時刻〉，頁 78。
[59] 姚中秋 (秋風)〈中國的天命〉，載「愛思想」網，http://www.aisixiang.com/data/82361.html

「未來時代，將會由中國人從政治上統一全人類，建立世界政府」。[60]坦率地說，已經轉向國家主義的這位學者說這種話，並不讓我吃驚，讓我吃驚的是，恰恰尖銳批判過他的國家主義傾向的一位學者竟然也覺得，現在就應該是「新天下主義」。他雖然很客氣地說，「中國步入全球的經濟中心，但尚未成為國際事務的政治中心……在文明的意義上，中國並沒有準備好擔當一個世界性帝國的角色」。可是，為什麼中國可以充當「世界性帝國的角色」？他給出的解釋是白魯恂（Lucian W. Pye）的，因為中國原來就是一個「由民族國家偽裝的文明國家」，而中國「忘記了自己的文明本性。文明國家考慮的是天下，而民族國家想的只是主權；文明國家追求的是普世之理，而民族國家在意的只是一己之勢」。[61]

其實，「天下主義」的政治背景很清楚，只要看看在這十幾年間中國大陸主流政治意識形態的變遷，就可以看到從「大

---

[60]　摩羅語，見其所著《中國站起來》（武漢：長江文藝出版社，2010），頁255。參看此書的第二十二章論述「中國文化必將拯救西方病」、第二十四章「中國將統一世界嗎」；關於摩羅思想從自由主義向國家主義的轉變，可參看許紀霖〈走向國家祭台之路——從摩羅的轉向看當代中國的虛無主義〉，載《讀書》（北京：三聯書店，2010）8–9期。

[61]　許紀霖〈多元文明時代的中國使命〉，同上《文化縱橫》2013年6月號，頁87。

國崛起」到「復興之路」，都體現了一種在經濟實力上升的時代，中國逐漸放棄了改革開放初期「韜光養晦」或「不爭論」的策略，開始追求作為「世界大國」的所謂「中國夢」。如果再聯繫到軍方一些強硬路線的學者，他們提出的一系列爭霸戰略與超限戰法，[62] 以及近年來媒體上連篇累牘的炫耀軍事力量和先進武器的做法，就可以知道，學界這種所謂「天下主義」，實在有著非常現實的政治背景。應該說，思想世界總是很悲哀也很吊詭，人們一面在批判由於「中國特殊性」鼓動的「中國崛起」和「中國模式」，一面也依靠「中國特殊性」，試圖「重新定義並改變世界歷史本身」，在世界歷史的中國時刻，迎來一個由天下主義為基礎的「後軸心文明時代的降臨」。[63]

---

[62] 「超限」一詞來自喬良、王湘穗《超限戰：對全球化時代戰爭與戰法的想法》(北京：解放軍文藝出版社，1999)，這本書提出了一旦中美衝突，中國可以採取無疆界、無節制、部分軍民的全方位回擊，並採取類似恐怖戰、網絡戰、生態戰等等應付美國較為強大的軍事力量的辦法。

[63] 特別是最近的「一帶一路」的宏大計劃，更引起周邊的警覺。按：台灣一家報紙指出「『一帶一路』是中國版的馬歇爾計劃，它同時要復興的，是橫亘於歐亞之間的陸塊，中亞、東歐、中東，以及馬六甲、錫蘭、印度洋，也可說是亞洲的另一次西征」(台灣《聯合晚報》2015年1月28日)。

三 「帝國」抑或「文明國家」:
一種現代批判理論如何呼應傳統天下想像?

接下來,我們再來看有關「天下」的新見解,如何與國際理論界有關「帝國」的討論,以及把中國特殊化的「文明國家」論相關。

前面說到,趙汀陽的《天下體系》在正式討論「天下」的上編開頭,就以薩義德《文化與帝國主義》與哈特和奈格里《帝國》的語錄作為引子。這並不奇怪,薩義德的「東方主義」理論和「文化帝國主義」批判,以及哈特和奈格里的「帝國」論,在20世紀後期到21世紀之初在中國影響很深,[64]這些學者都是值得尊敬的批判者。不過,有時候新理論的移植,由於郢書燕說,不免會「橘逾淮則為枳」。他們對西方主流思想與觀念的批判,有時會激起非西方世界情感上的同仇敵愾和自我認同,這種同仇敵愾和自我認同,又會激起對抗普遍價值和現行秩序的偏激國族主義。

[64] 趙汀陽在中央電視台題為《以天下觀世界》的「百家講壇」中,一開頭就講到1999年哈特和奈格里的《帝國》中有關傳統帝國、新帝國以及「開始尋找另外一種政治體系」的觀點,讓他「吃了一驚」。陳曉明和韓毓海,也在北京大學與研究生進行過「何為帝國,帝國何為——關於《帝國》的一次座談」;2004年,兩個作者來到中國,由當時《讀書》雜誌的主編汪暉主持,在清華大學做了演講,在《讀書》雜誌進行了座談。

世紀之交，這種對於西方尤其是美國主導的世界秩序的批判，在中國學界漸漸脫離了它原本的語境，激活了潛藏在中國知識界心底很久的民族主義或國家主義，也呼應了現代中國的某些思潮，因而相當流行。原本，這種充滿了正義感和同情心的新理論，是在西方批判西方，一方面在政治上激烈抨擊近代以來帝國主義的政治霸權，一方面從文化上反省西方帝國主義的話語霸權，這使得「帝國」成為被熱烈討論的概念。八十年代以來，不少在西方批判西方的思潮被引進，比如後現代、後殖民、後結構理論，一些有關「帝國」和「文化帝國」的西文書籍也被翻譯成漢語，前者如哈特 (Michael Hardt) 和奈格里 (Antonio Negri)《帝國》（楊建國、范一亭譯，江蘇人民出版社，2008）和弗格森 (Niall Ferguson)《帝國》（雨珂譯，中信出版社，2012），後者如湯林森 (John Tomlinson)《文化帝國主義》（馮建三譯，上海人民出版社，1999）和薩義德 (Edward W. Said) 的《文化與帝國主義》（李琨譯，三聯書店，2003）。

　　坦率地說，這些有關「帝國」的論說，原本取向並不一致。有的是在批判全球化時代西方發達國家通過金融資本和大眾傳播、思想藝術，導致貧弱國家的文化失語，威脅到第三世界的文化認同；有的是在說明全球化與現代性本身的文化擴散，使得這個世界趨向同一化，文化多元主義受到挑戰；有的則是在討論曾經的帝國主義如何建立了現代世界的秩序，而這種帝國的消失如何導致了一個沒有秩序的世界；還有的則是在批判前近代通過殖民和掠奪建立的帝國消失之後，全球化與國際資

本重新建立了隱秘和可怕的控制世界的新帝國主義。在這些種種取向不一的理論中，唯一共同的，就是強調「帝國」超越了「國家」，無論是在前現代的老帝國，還是在後現代的新帝國，「帝國的概念的基本特徵是沒有邊境，它的規則是沒有規則」。[65] 但是，「帝國」卻在中國鈎沉出消失已久的「天下」，而這種批判的理論或理論的批判，則由於它對全球化、現代性以及當今世界秩序的批判，激活了中國清算「百年屈辱」的情感、批判「現代性」的思潮和重建「天下」體系的雄心。

正如哈特和奈格里在《帝國》「序言」一開頭就宣稱的，「帝國正在我們的眼前出現」，因為「伴隨著全球市場和生產的全球流水線的形成，全球化的秩序、一種新的規則的邏輯和結構，簡單地說，一種新的主權形式正在出現。帝國是一個整治對象，它有效地控制著這些全球交流，它是統治世界的最高權力」。[66] 可是，這個「帝國」的中心在哪裏？「19世紀是英國的世紀，那麼，20世紀九十美國的世紀，或者說，現代是英國的，後現代是美國的」，哈特和奈格里劍指美國，可是21世紀呢？他們並沒有說。是崛起的中國嗎？美國帝國之後呢？有趣的是，在我所看到的各種天下理論論著中，很多學者把「天下」與「帝國」並列（如趙汀陽的「天下/帝國」），不約而同

---

[65]　哈特與奈格里《帝國》（南京：江蘇人民出版社，2003），「序言」，頁4。

[66]　哈特和奈格里《帝國》「序言」，頁1、3。

的是，論者都熱衷於把「天下」當作「帝國」的替代性方案，暗示美國主宰二十世紀的「帝國」和中國建立二十一世紀的「天下」即將構成序列，儘管「帝國」和「天下」都是「一種以建立新秩序之名而得到認可的權力觀，這種權力觀包容它認定的聞名世界的每一寸土地，包容一個無邊無際、四海如一的空間」，但是，在某些學者的說法中，「天下」就是比「帝國」更加公平、仁慈和善良。

先不必急著分析為什麼「天下」就比「帝國」好，我們不妨看另外一種同樣激活了「天下」議論的說法，這就是把傳統中國界定為「文明國家」的說法。我在《宅茲中國》一書中曾反復強調，我不否認古代中國的國家形態確實與歐洲甚至亞洲其他國家不同，在《何為中國》一書中我也通過晚清到民國的歷史說到，中國從傳統帝國向現代國家轉型的過程，既有「從天下到萬國」，也有「納四裔入中華」，與近代歐洲以及亞洲其他國家不同，這使得現代中國相當複雜。我贊成掙脫「帝國」與「民族國家」兩分這種來自歐洲近代的國家觀念。[67] 但是，這並不能引出中國自古以來是一個「既非帝國，也非國家」的結論，更不贊成中國始終就是一個「文明國家」這種沒有歷史感的說法。

所謂「文明國家」（civilization-state）的說法，正如前面曾

---

[67]　葛兆光《宅茲中國：重建有關「中國」的歷史論述》（北京：中華書局，2011）；《何為中國？——疆域、民族、文化與歷史》（香港：牛津大學出版社，2014）。

提及可能源自白魯恂所謂「由民族國家偽裝的文明國家」(a civilization-state pretending to be a state)，國內如甘陽等學者也特別熱心提倡這一說法，試圖從「國家」這個維度支持「中國特殊論」。[68] 但問題是，白魯恂並沒有對「文明國家」的中國進行深入的歷史分析，也沒有進一步仔細論證「文明國家」這一類型究竟應當具備什麼特徵，更沒有對「文明國家」在現代世界秩序中應當如何自處提出明確看法。倒是近年來一些努力提倡「中國模式」或「中國特殊論」的學者，借著西洋一些非歷史學家比如基辛格《論中國》和馬丁雅克《當中國統治世界》的鼓吹，[69] 重新使用這一似是而非的概念，把歷史上的中國特殊化，一方面試圖把古代中國的朝貢體系打扮得很文明，一方面讓現代中國免於接受現代制度之約束，[70] 這迫使很多學者不得

---

[68] 甘陽這一說法，最早見於 2003 年 12 月 29 日《21 世紀經濟報道》吳銘的訪談〈甘陽：從「民族-國家」走向「文明-國家」〉，他或許覺得，中國的問題就在於 20 世紀中國要走入現代世界體系成為民族國家，這是走了偏路，因為中國原本是文明國家，未來也應當走向文明國家；參看其《文明‧國家‧大學》(北京：三聯書店，2012)。

[69] 基辛格《論中國》(胡利平等譯，北京：中信出版社，2012)，見〈後記〉，517 頁；馬丁‧雅克《當中國統治世界》(張莉等譯，北京：中信出版社，2010)，332 頁。

[70] 比如張維為《中國震撼：一個「文明型國家」的崛起》(上海人民出版社，2011) 第三章就認為，作為「文明型國家」的中國有八大特徵，比如超大型人口規模、超廣闊疆域國土、超悠久歷

不開始重新討論「傳統中國」的性質。

我們知道，按照最一般的定義，現代國家與傳統帝國的區別有若干方面，一是有明確的國境存在（國民國家以國境線劃分政治的、經濟的、文化的空間，而古代或中世國家雖然也存在中心性的政治權力和政治機構，但是沒有明確的劃定國家主權的國境），二是國家主權意識（國民國家的政治空間原則上就是國家主權的範圍，擁有國家自主權不容他國干涉的國家主權和民族自決理念），三是國民概念的形成與整合國民的意識形態支配，即以國家為空間單位的民族主義（不止是由憲法、民法與國籍法規定的國民，而且由愛國心、文化、歷史、神話等等建構起來的意識形態），四是控制政治、經濟、文化空間的國家機構和制度（不僅僅是帝王或君主的權力），五是由各國構成的國際關係（國際關係的存在表明民族國家之主權獨立與空間有限性）。[71]

那麼，什麼是「文明國家」？也許它既沒有國境劃定的「邊

史傳統，超深厚文化積澱，獨特的語言，獨特的政治，獨特的社會，獨特的經濟。坦率説，這八大特徵都無法證明中國在歷史上就是一個「文明型國家」，只能説明現在的中國是一個特別的國家，頁57–90。

[71] 西川長夫：〈国民国家論から見た「戰後」〉，其《国民国家論の射程》（東京：柏書房，1998），頁256–286。需要説明的是，關於現代民族國家的各種論著已經非常多，我這裏只是取其方便，採用了西川氏簡明而清晰的定義。

界」，也沒有明確的國家「主權」；也許它的國民意識只是對傳統的文化「認同」而不是對國家的制度「認同」；也許是控制國家的並不是現代政府而是傳統皇權；也許它與四鄰異國的關係並不是國與國對等關係而只是一種文化聯繫。可是，中國真的是這樣的國家嗎？如果是，那麼它與「帝國」的區別何在？如果它也是超越了國家，用文化籠罩四方，那麼，它與現代批判理論所説的「文化帝國主義」或「新帝國主義」區別何在？似乎什麼都不清楚，但不清楚的概念卻被普遍使用。可是，由於這個説法呼應了過去很多中國學者有關「天下」的「文化主義」，即中國不曾用武力而是通過禮儀來建立東亞朝貢體系這一説法，[72] 因此它很受歡迎。[73]

可是，真的是這樣嗎？按照哈特和奈格里的説法，帝國是

---

[72]　一直到最近，仍有人把「綏靖」當做傳統中國文明的擴展方式，而把「征服」當做環地中海歐洲文明的擴展方式。見林崗〈征服與綏靖——文明擴展的觀察與比較〉，《北京大學學報》2012年第5期，頁68–78。

[73]　當然，過去這種説法的代表人物多數是對於傳統有著「溫情和敬意」的學者，比如前引錢穆《中國文化史導論》中就説，「中國人常把民族觀念消融在人類觀念裏，也常把國家觀念消融在天下或世界的觀念裏。他們只把民族和國家當作一個文化機體，並不存有狹義的民族觀與狹義的國家觀，『民族』和『國家』都只為文化而存在」，前引錢穆《中國文化史導論（修訂本）》第二章，頁23。

「一種以建立新秩序為名而得到認可的權力觀,這種權力觀包容它認定的文明世界的每一寸土地,包容一個無邊無際、四海如一的空間」。[74] 那麼,「天下」是什麼?它不是也和這個建立新秩序、包容每一寸土地、四海如一的空間的「帝國」一樣嗎?在這個「帝國/天下」的背後,不也是有一個世界制度的制定者嗎?它憑什麼可以自認是「文明」而別人是「野蠻」,如果大家都要遵循它的文化和制度,那麼,不是又要回到古代中國區分華夷的傳統秩序?有趣的是,法國人德布雷在與「天下體系」的提出者趙汀陽討論的時候,已經指出這個天下體系「過分的統一,均勻和模糊」,他追問一系列尖銳的問題:作為「大家長」的核心國將由誰選出,如何選出?它對什麼人負責?它的法律怎樣制定?它對人民的宣言將用拉丁字母還是用漢字?據說,「對此,趙汀陽坦言自己只是在哲學意義上論證了『天下體系』的政治原則和普遍價值觀,而對於具體的政治權力機構就很難提前想像,也一直沒有想出很好的辦法來解決大家長的問題」。[75]

---

[74]　哈特與奈格里《帝國》,中譯本,頁8。

[75]　參看〔法〕德布雷、〔中〕趙汀陽《兩面之詞 —— 關於革命問題的通信》(北京:中信出版社,2014),此處文字引自周仍樂對此書的評論〈關於革命 —— 讀德布雷和趙汀陽的《兩面之詞》〉,載《文化縱橫》2014年10期,頁112。 又,William A. Callaham對於趙汀陽的「天下體系」提出了與德布雷相同的質疑,見William A. Callaham, *Tianxia, Empire and the World*, 參見白

確實，誰是「大家長」？誰制定這個「天下」的規則？誰來制定這個世界制度並且仲裁其合理性？這是決定「天下」比「帝國」更好的關鍵所在。如果這一問題沒有解決，「天下」將會重新變回「帝國」。對此，我們不妨看一個非中國學者的說法，來自韓國的白永瑞在一篇題為〈中華帝國論在東亞的意義〉的論文中提出一個問題，即現在的中國是否仍是「帝國」？它是否還是古代尤其是清帝國的延續？他相當客氣地指出，「帝國」由於統治領域廣泛，因此具有多種異質性 (heterogeneity) 的寬容原理，但他也不無擔心說到，作為帝國的現代中國，不僅應該成為有利於中國的帝國，而且應當成為有利於世界的「好帝國」，這才是「自我實現的諾言」，因為除了「寬容」原理之外，「帝國」還具有「膨脹」因素。[76]

「膨脹」的結果是什麼？這位來自中國鄰國的學者，恐怕擔心的正是馬丁・雅克說的，「中國越來越有可能按朝貢體

永瑞上引文。

[76] 白永瑞〈中華帝國論在東亞的意義〉，這篇文章提出這樣一個問題「中國會成為順應世界體制邏輯的帝國（換句話說，成為繼承美國的霸權國家），還是成為違背世界體制邏輯的帝國，亦或者，中國的選擇會超出以上兩種道路」，見《開放時代》（廣州）2014年第1期，頁93。還可以參看同作者的〈東亞地域秩序：超越帝國，走向東亞共同體〉，載《思想》（台北：聯經出版公司，2006年10月）第三期，頁129–150。

系，而不是民族國家體系構想與東亞的關係」嗎？[77]那麼，這種超越民族和國家的世界體系叫作「天下」或者叫作「帝國」，有區別吧。[78]

四　傳統儒家資源的過度詮釋：早期文獻、董仲舒與何休

現在，我們要討論最核心的問題，即傳統儒家文獻中有關「天下」的一些理想型論述，是如何一步一步被詮釋為現代版的「天下主義」的。

古代中國的「天下」論述可以追溯到很早，如果僅僅依賴字面檢索，儒道墨各家文獻中都有「天下」一詞，這不必細説。即使在早期儒家文獻中，最重要的如《論語·顏淵》裏的「天下歸仁」、《孟子·離婁》裏的「天下無敵」、《禮記·禮運》裏的「天

---

[77]　馬丁·雅克《當中國統治世界》(張莉中譯本，中信出版社，2010)，頁333。

[78]　不止是趙汀陽，有的學者也把「天下」和「帝國」並舉，如許紀霖就曾經以「新天下主義：中國如何成為一個文明帝國」為題，來討論中國如何成為大國，他雖然用了「文明」二字來修飾或限定「帝國」，但是這個「天下」與「帝國」顯然有很多重疊性。見〈世界歷史的中國時刻〉討論記錄，《開放時代》(廣州) 2013年第2期，頁46–47。

下為公」等等，也出現得也很頻繁。[79]不過，這裏並不想用這種尋章摘句的方式（這在現代網絡時代是很容易做到的），而是想從歷史角度（尤其是從思想史的脈絡），討論一下最能刺激現代「天下」想像的那一脈思想，尤其是公羊學一系的來龍去脈。

現代學者論述「天下」的時候，最經常引述的，當然是儒家裏面公羊家的説法。《春秋公羊傳》隱公元年記載「公子益師卒」，由於《春秋》沒有特別記載他卒於哪一天，《公羊傳》就引申和解釋，這是因為時代遙遠，《春秋》記載事情有「所見異辭，所聞異辭，所傳聞異辭」。東漢的注釋者何休，先把這一説法，解釋成三個歷史記憶不同的時代，即春秋魯國十二代諸侯中，「昭、定、哀」三代是孔子的父親與孔子自己「所見」（即親眼所見）的時代，「文、宣、成、襄」四代，是其父親「所聞」（即聽到傳聞）的時代，「隱、桓、莊、閔、僖」五代，是高祖、曾祖

---

[79]　《論語·堯曰》「興滅國，繼絕世，舉逸民，天下之民歸心焉。所重，民食喪祭」；《十三經注疏》，頁2535；《論語·八佾》「二三子何患於喪乎，天下之無道也久矣，天將以夫子為木鐸」；《十三經注疏》，頁2468；《左傳》成公十二年「天下有道，則公侯能為民干城，而制其腹心，亂則反之」（正義曰：天下有道之時，則公侯能為捍城禦難，而使武夫從己腹心，不侵犯他國也。亂則反之，不復捍蔽己民，乃以武夫從己腹心，將武夫為股肱爪牙，以侵害他國，是反治世也）。《十三經注疏》本，頁1911。

「所傳聞」(即所聽說的傳聞)的時代,由於時代不同,加上每個人境遇、立場、觀念不同,所以《春秋》的記載會有「異詞」。僅僅到此為止的話,本來並沒有什麼奇怪,但接下去,何休又作了進一步發揮,就把這三個記憶不同的時代,轉化為政治制度和道德狀態不同的時代,一個是「內其國而外諸夏」、一個是「內諸夏而外夷狄」、最後一個是「天下遠近小大若一」的三種不同時代。有趣的是,恰恰是這種轉了一個方向的解釋,後來被所謂「今文學者」大加發揮,成了對於現實的和理想的「天下秩序」的重要論述。[80]

「內其國而外諸夏,內諸夏而外夷狄」的說法,原本就來自《公羊傳》。《春秋》成公十五年冬十一月記載了叔孫僑如會

---

[80] 《春秋公羊傳注疏》卷一,見《十三經注疏》(北京:中華書局,1980),頁2200。最近,朱聖明〈現實與思想:再論春秋「華夷之辯」〉一文很細心地指出,春秋公羊學有關華夷的論述其實是有內在矛盾的,雖然它有時以文明原則判定「華夷」(即韓愈《原道》所謂「諸侯用夷禮則夷之,進於中國則中國之」),但對華夷界限仍有明顯界分,並不全然按照文明原則;雖然董仲舒等也有改變「華夷二分」的意思,但他仍然區分「中國」、「大夷」和「小夷」,在華夷問題上依然恪守「必也正名乎」的傳統,這叫「《春秋》謹辭,謹於名倫等物也」。他提醒說,不應當忽略這一論述中間,「春秋華夷之辯的斷裂性及『華夷之間』的存在」。顯然,公羊學有關華夷之辯邏輯上的一致性,其實是後人詮釋出來的。載《學術月刊》第47卷第5期(2015年5月),頁159–167。

見晉士爕、齊高無咎、宋華元、衛孫林父以及鄭、邾各國大夫，可是，接下來又單獨寫了一句「會吳於鐘離」。為什麼不把吳國代表也和晉、齊等國人物一氣寫下來？於是，《公羊傳》就從這一蛛絲馬迹中揣測，這是因為《春秋》對吳國另眼相看，因為吳是「外」而不是齊、晉、鄭等「內」，內外有別，所以說，「曷為外也？《春秋》內其國而外諸夏，內諸夏而外夷狄」。[81] 這是否過度穿鑿？我們且不必深究。但是，第一步跨出邊界加以更深解釋的，是西漢的董仲舒。董仲舒在其《春秋繁露·王道第六》中想像上古帝王「治天下，不敢有君民之心」，不僅要愛惜人民，要和睦社會，而且要祭祀以時，因此，上古的「天下」很接近一個理想世界。[82] 可是不幸的是，歷史每下愈況，由於後世帝王「驕溢妄行」，政治卻越變越壞，最終只好依賴如齊桓、晉文之類來「救中國、攘夷狄，卒服楚，至為王者事」。不得已之下，孔子作《春秋》就只好確立原則（春秋立義），讓天子、諸侯、大夫以及更遠的夷狄，要遵循明確的等秩（如天子祭祀天地，諸侯祭祀社稷，諸山川不再封地之內不能祭祀；又如諸侯不能專封，也不能用天子的樂舞，大夫不能

---

[81] 《春秋公羊傳注疏》卷十八，《十三經注疏》，頁2297。

[82] 董仲舒說，本來「王者，民之所往」（按照《春秋元命苞》的說法，「王者，往也，神之所輸向，人之所樂歸」），能「使萬民往之，而得天下之群者，無敵於天下」。見蘇輿《春秋繁露義證》（北京：中華書局，1992）卷四至卷五，頁113–116。

享受諸侯一樣的世襲祿位，夷狄就更不消說），這就叫「自近者始」即遠近不同，有了這種遠近或者是內外的等差，才能「內其國而外諸夏，內諸夏而外夷狄」，在天下濁亂的時候建立起普遍秩序。[83]

需要指出的是，董仲舒這種把天下的「國」、「諸夏」和「夷狄」分成自近及遠、從內到外的不同等級，區別加以對待的方式，與現在天下主義提倡者理想中和諧而平等（「天下遠近小大若一」）的「天下」還是不盡相同的。應當注意，董仲舒（前179-前104）的時代，正是前面說過的極力開疆拓土征伐四方的漢武帝時代，董仲舒為大漢王朝提出的理想雖然是「四海一家」，但「四海一家」必須是在大漢天子御威光下的大一統，在這個「天下」中，各國分夷夏遠近，是有等級秩序的，因此三十年間，漢武帝征朝鮮、伐閩越、滅南越、經營西南，攻伐匈奴，恢復甚至擴大了秦帝國的疆土，納四夷入大漢之天下。[84]這才符合所謂《公羊》「三科九旨」中的「張三世」、「存

---

[83]　蘇輿《春秋繁露義證》卷四至卷五，頁101、133。

[84]　研究漢代政治與《春秋》關係的陳蘇鎮在《〈春秋〉與「漢道」：兩漢政治與政治文化研究》（修訂本，北京：中華書局，2011）中指出，「漢武決策，將帥出力，《公羊》家則以其特有的『太平』世理論製造輿論，營造氣氛，甚至直接參與決策，從而推進了此項事業（指開疆拓土）的發展」。所以，公羊三世說中有關「太平世」的理想，並不是那麼和平與溫柔的。250頁。還應當補充一點的是，在這樣的天下中，就連思想學說，也是要按

三統」和「異外內」。然而，到了東漢，何休用了董仲舒的話
語，卻改變了董仲舒的意思，只是在經典中想像這種原本「不
一」的天下，逐漸變成「若一」的天下，借用了古代中國有關「上
古黃金時代」和「歷史不斷倒退」的觀念，倒著構想未來會有一
個逐漸蛻皮重生、回向上古的天下誕生。[85]

不過，何休的這個說法雖然在後世被放大提升，但在古代
中國，很長時期內，卻只是一個經書解釋者的理想，這個連何
休自己都說是「非常異義可怪之論」的理想，在很長時間裏面，
並沒有特別受到重視，正如梁啟超所說，「自魏晉以還，莫敢
道焉……公羊之成為絕學，垂二千年矣」。[86]

照皇權來統一的，任憑「師異道，人異論，百家殊方，指意不
同」是不行的，所以，董仲舒才要「皆絕其道，勿使並進」。見
《漢書》卷五十六〈董仲舒傳〉，頁2523。

[85] 古代中國各家思想都有這樣的想像，無論是想像堯舜禹湯文
武、推崇五帝還是崇尚更早的神話人物，正如顧頡剛說的，
都把古代想像成黃金時代，連建議法後王、立足現實的學者也
不例外，像《韓非子·五蠹》中就說，各家都相信「上古競於道
德，中世競於智謀，當今爭於氣力」，好像歷史越來越糟糕，
因此要回到三代，甚至五帝時代。《二十二子》(上海古籍出版
社影印光緒浙江書局版，1985)，頁1183。

[86] 梁啟超《清代學術概論》(朱維錚校注《梁啟超論清學史二種》，
上海：復旦大學出版社，1985) 第二十二，頁61。

五　面對西潮的想像：
康有為以及當下學者的郢書燕説

　　它重新回到傳統中國的思想世界並成為議論的焦點，據一些學者説，是在清代中期常州公羊學重興的時代。關於常州公羊學，較早的現代論述，在1920年梁啟超撰《清代學術概論》和1929年梁啟超去世後出版的《中國近三百年學術史》。自認屬公羊學一脉中的梁啟超説，「今文學啟蒙大師」是莊存與及其《春秋正辭》，他專門發掘《春秋公羊傳》的微言大義，然後是劉逢祿及其《春秋公羊經傳何氏釋例》，特別發掘「張三世」和「通三統」、「絀周王魯」、「受命改制」。這一思想啟發了龔自珍和魏源，[87]「在乾嘉考據學的基礎之上，建設順、康間『經世致用』之學」。[88]

　　古代中國思想史上一個常見而且重要的現象，就是新見解常常依傍對舊經典的解釋，靠正統經典的權威支持異端思想的合法，因此，規規矩矩尋章摘句的注疏往往並不能掀起

---

[87]　同上梁啟超《清代學術概論》第二十二，頁61–62。

[88]　梁啟超《中國近三百年學術史》（朱維錚校注《梁啟超論清學史二種》，上海：復旦大學出版社，1985）。但是他也指出，「這派學風，在嘉、道年間，不過一支『別動隊』，學界的大勢力仍在『考證學正統派』手中。這支別動隊的成績，也幼稚得很」，頁119。

波瀾，倒是旁行斜出歪打正著的「誤解」常常推動著新思想的出現，特別是這種「誤解」如果可以「發揮」，它就會移形換位或者移花接木，把後見之明的現代思想，安放在它的傳統基座上，並且就像錢穆說的那樣，「推之愈崇，辯之愈暢」。[89]可是，如果回到當時的歷史語境中，而我們又沒有用「後見之明」來反觀前人的話，從現存各種莊存與和劉逢祿的各種資料中，大概可以看到的只是兩點：一是他們對於歷史以來經學中闡發「微言大義」傳統消失的憂慮，二是對當代即乾隆時代那種憑藉史學原則來理解經學意義的批判。[90]

前者像莊存與《春秋正辭》的「叙」中說，東漢之後的「賈、鄭之徒，已緣隙奮筆，相與為難」，「魏晉而下，經學破碎，降及唐宋，師儒偏蔽」，搞得「《春秋》之義幾廢」；[91]劉逢祿《穀梁廢疾申何》「叙」中說，「鄭眾、賈逵之徒，曲學阿世，扇中壘之毒焰，鼓圖讖之妖氛」，「天不祐漢，晉戎亂德，儒風不

---

[89] 正如錢穆在《中國近三百年學術史》（北京：中華書局重印本，1986）第十一章中所說，「愈後者推之愈崇，辯之愈暢，莊氏之學猶是也」，頁524。

[90] 關於清代中期公羊學的最近研究，可以參看：陳其泰《莊存與：清代公羊學的開山》、馮曉庭《莊存與的春秋學述論》等論文，均載林慶彰等編《晚清常州地區的經學》（台北：學生書局，2009）。

[91] 莊存與《春秋正辭》「叙」，《續修四庫全書》經部第141冊，頁1–2。有人指出，這只不過是莊存與教授皇子的講義。

振，異學爭鳴」。[92]顯然，他們針對的是歷史上，傳統經學家不能闡發「微言大義」的解經之法，試圖把公羊學傳統重新恢復起來；後者則像莊存與《春秋正辭》「叙」中所謂《春秋》「人事浹，王道備」，是「矯枉撥亂」的著作，而不是「紀事之書」，決不能用文字音韵訓詁的考據方法，簡單看待經典的意義；[93]而劉逢祿則説得更清楚，他在《春秋公羊經釋例》中説，「大清……人恥向壁虛造，竟守漢師家法」，但對《公羊傳》的意義，卻追隨東漢賈逵、鄭玄的路數，不能真正理解《公羊傳》的「經宜權變，損益製作」。[94]所以，他的《春秋論》就針對錢大昕，説他輕視《公羊》崇尚《左傳》，是不懂得經、史有異，也不知道「左氏詳於事，而《春秋》重義不重事」，如果要用歷史學方法來評價《公羊》，「如第執一例以繩《春秋》，則且不如畫一之良史，何必非斷爛之朝報也」。[95]

---

[92] 劉逢祿《谷梁廢疾申何》「叙」，《續修四庫全書》經部第 132 冊，頁 1。

[93] 莊存與《春秋正辭》「叙」，頁 1–2。此書主要就是在分成九部分，闡發董仲舒、何休所謂「三科九旨之義」。

[94] 劉逢祿《春秋公羊經釋例》，《續修四庫全書》經部第 129 冊，頁 458–459。

[95] 劉逢祿《劉禮部集》卷三〈春秋論〉上，《續修四庫全書》集部第 1501 冊，頁 57 上。蔡長林也指出，「劉逢祿與錢大昕之所論，既是公羊學與左傳學的對立，也是經學與史學的對立，從當時學術大環境的角度看，既是莊氏家族學術觀點與當代考據學家

莊存與和劉逢祿闡發的《春秋》公羊學觀念，一是在闡發「王天下」（即「譏世卿」，尋求國家在政治上的同一性），二是在追求「大一統」（古往今來中國一直追求，而大清王朝也希望的統一王朝），三是在想像大一統之後的「六合同風，九州共貫」（古人一直期待的所謂「一道德，同風俗」境界）。這是漢唐宋明儒家學者的共識，就算是把它放在清乾嘉時代的政治語境中看，究竟有多少「現代」的意味？就是在已經預感時代變化，所謂「睜開眼睛看世界」的魏源和龔自珍那裏，我們也沒有看到清代公羊學說有那麼自覺「現代」的意義。龔自珍《資政大夫禮部侍郎武進莊公神道碑銘》中對莊存與的學術宗旨有一個回顧，我們能看到，他重視的是經學的微言大義，批判的主要是當時的考據風氣；在魏源《兩漢經師今古文家法考敘》對清代經學路數的總結中，也可以看到清代公羊學只是一種以「復古」為「革新」，從東漢上溯西漢的途徑，「由訓詁、聲音以進於東京典章制度，此齊一變至魯也；由典章、制度以進於西漢微言大義，貫經術、故事、文章於一，此一變至道也」。[96]

治學觀點的對立，也是學術圈中的主流與非主流的對立」，見蔡長林《從文士到經生 ── 考據學風潮下的常州學派》（台北：中央研究院・中國文哲研究所，2010），頁351。

[96]　龔自珍〈資政大夫禮部侍郎武進莊公神道碑銘〉，載《龔定盦全集類編》（北京：中國書店，1991），頁295。魏源〈兩漢經師今古文家法考敘〉，《魏源集》（北京：中華書局，1976），頁152。

顯然，這並不意味著莊存與、劉逢祿闡發的微言大義中，已經有現代(國家制度、國際秩序)觀念的痕跡，其實，清代公羊家說經的所謂現代意義，往往是一波又一波詮釋出來的，正如蕭一山《清代通史》引錢穆的話說，從阮元《莊方耕宗伯經說序》、董士錫《莊氏易說序》到魏源《武進莊少宗伯遺書序》，「三家之序，愈後者推之愈崇，辯之愈暢」。[97]正是這種由於時代變遷情勢轉移所造成的過度詮釋，才把清代公羊學的意義一步又一步剝離了「歷史」，提升到「現代」。已經有學者針對清代公羊學「被現代化」的弊病指出，「常州學派在學術史上的意義，是屬清中葉，而不是晚清的，是面向傳統，而不是面向現代的」。[98]我很同意這個看法，脫離開十八至十九世紀之間的學術與思想語境，把莊存與和劉逢祿的公羊之學說成是「為中國重新尋找認同，為未來世界立法」，恐怕只是後代人在時局焦慮下的越解越深。他們在當時是否有這樣明確的新意識？那時的「微言大義」裏是否有關於未來世界的新設計？其實，梁啟超並沒有進一步的說明。很長時間裏，學界還是把從傳統資源到現代思想的傳承關節點，放在龔自珍和魏源身上，莊存與和劉逢祿並不在歷史舞台的中心。

---

[97]　蕭一山《清代通史》(上海：華東師範大學出版社，2006)第四冊第五篇，頁315。

[98]　蔡長林《從文士到經生 —— 考據學風潮下的常州學派》「結論」，頁511–512。

莊存與和劉逢祿等清代公羊學被重新翻檢出來，被放在近代思想史的中心位置加以現代詮釋，其最重要契機，依我的粗淺觀察有二：首先是在一百多年前的晚清，康有為面對洶湧而來的西潮，試圖挽狂瀾於既倒，借用古代中國資源進行「托古改制」，因而延續公羊之學，拿「微言大義」來加以發揮；然後是一百年之後的二十世紀末年，一個中國本土的儒學學者和一個來自美國的歷史學者的著作，給學界帶來的刺激。

　　把「三世說」當作未來世界設計藍圖的說法，是在晚清康有為那裏橫空出世的。讀他的《春秋董氏學》、《孔子改制考》、《大同書》等著作，這種把古代學說政治化和現代化的色彩非常濃重。正如很多學者（如蕭公權、朱維錚）早就指出的，經由廖平到康有為，晚清的一些學者試圖以傳統經學資源，來回應變大了的世界特別是來自西方的衝擊。在廖平那裏，還只是半隻腳踏出經學家的邊界，在光緒十年至十二年（1884–1886）他連續撰寫的三篇《何氏公羊春秋十論》、《續十論》、《再續十論》中，他只是闡發「孔子作春秋，存王制……復作此篇，以明禮制，故所言莫不合於《春秋》」。[99]但是，康有為卻兩隻腳都已經站在經學門檻之外，他只是在借用《春秋公羊傳》以及注釋中有關「三世」、「內外」的說法，應對當時新的國際秩序籠罩下中國國內大清王朝的危機和中國之外華夷秩

---

[99]　　廖平《何氏公羊春秋十論》及《續十論》、《再續十論》，見《續修四庫全書》經部第131冊，頁351以下。

序的崩潰。他一方面承認這種新的國際秩序，使得「中國」不再是天朝，時代已經退居「內其國而外諸夏」或「內諸夏而外夷狄」，另一方面則力圖以「遠近大小若一」的天下大同，作為「中國」通過文明重新籠罩世界的努力遠景，恢復中國的信心。這個時候，《春秋公羊傳》和那些被詮釋出來的「微言大義」，才似乎開始具有了為現代世界和政治制度提供資源的意義。

據朱維錚的研究，1885年到1890年那幾年，是康有為思想定型的幾年，前些年他應鄉試落榜後游歷江南，「盡購江南製造局及西教會所譯出各書盡讀之」，這幾年開始撰寫《人類公理》和《內外篇》，[100]據他自己說，這時他就已經在用孔子的「據亂、升平、太平之理，以論地球」，設想「地球萬音院」和「地球公議院」，以及「養公兵以去不會之國，以為合地球之計」。[101]1890年，他見到廖平，開始接受公羊學，第二年，建立萬木草堂，開始傳授這種「非常異義可怪之論」。在《教學通議》中，他先是把「三世」用於中國歷史的分期，「自晉到六朝」為大臣專權，世臣在位的亂世，「自唐至宋」為陰陽分、君臣定的升平世，把「自明至本朝」當作「普天率土，一命之微，一錢之小，皆決於天子」的太平盛世，這時士人「以激勵氣節忠

---

[100] 參看朱維錚〈康有為先生小傳〉，載朱維錚校注《中國現代學術經典‧康有為卷》（石家莊：河北教育出版社，1998），頁6–7。

[101] 康有為《康南海自編年譜》（即《我史》，北京：中華書局，1992）光緒十三年（1887）條，頁14。

君愛國為上」、百姓「老死不見兵革，不知力役」。[102]到了《春秋董氏學》，他強調這個「三世說」是「孔子非常大義，托之《春秋》以明之……此為《春秋》第一大義」，[103]而在《孔子改制考》中，他才真正正面地提出，孔子作《春秋》，是在「據亂世而立三世之法」、「因其所生之國而立三世之義，而注意於大地遠近小大若一之大一統」。[104]稍後幾年中他寫的《大同書》，就是根據《春秋公羊傳》以及他對孔子理想的理解，想像「四海如一」、「天下一家」的大同世界的著作。[105]

問題是，康有為對「三世說」尤其是「大同」的說法，是否

---

[102] 康有為〈教學通議〉，前引朱維錚校注《中國現代學術經典‧康有為卷》，頁70–71。

[103] 康有為〈春秋董氏學〉，前引朱維錚校注《中國現代學術經典‧康有為卷》，137頁。

[104] 康有為〈孔子改制考〉「叙」，前引朱維錚校注《中國現代學術經典‧康有為卷》，頁341。

[105] 這種想像，在康有為的弟子如譚嗣同那裏也有，並不是他一個人的專利。如《仁學》四十七「地球之治也，以有天下而無國也。莊曰：『聞在宥天下，不聞治天下』。治者，有國之義也；在宥者，無國之義也。□□□曰：『在宥』，蓋『自由』之轉音。旨哉言乎！人人能自由，是必為無國之民。無國則畛域化、戰爭息、猜忌絕、權謀棄、彼我亡、平等出，且雖有天下，若無天下矣。君主廢，則貴賤平，公理明，則貧富均。千里萬里，一家一人」。蔡尚思、方行等編《譚嗣同全集》(北京：中華書局，1998增訂本)，頁367。

可以成為一種未來世界的制度，就像當下提倡「天下主義」或「天下體系」的學者們所說的那樣？有學者對此作了相當現代的和理論的闡發，他說，康有為「在中國從帝國到主權國家的自我轉變中」充當了一個「立法者」的作用。為什麼？因為首先，康有為用「列國並爭」說明當前世界大勢，主張將「帝國體制改造成國家體制」；其次，他又重新解釋了「中國」的意義，排除了種族因素，從文化上為「中國」尋找認同根源，在政治上為「中國」發現一種反民族主義的國家建設理論；再次，康有為把儒學普遍主義視野與西方知識政治結合，構想了大烏托邦的大同遠景；最後，這個烏托邦遠景與國家主義、孔教主義結合，形成宗教改革的色彩。於是，「近代國家主義也是以一種准宗教革命形式出現的，它注定地與超越國家的普遍主義密切相關」。[106] 其實，說得簡單一些，就是康有為承認當下中國處在亂世，原本只能「內其國而外諸夏」；但由於大清帝國是多民族國家，因此必須在文化認同的基礎上，超越民族界限，「內諸夏而外夷狄」地形成一個統一國家，達到升平時代；然後更「遠近小大若一」地構想一個烏托邦式的太平盛世和大同世界，而這個大同世界，則是建立在中國孔教籠罩所有空間的基礎上的。

---

[106] 參看汪暉《現代中國思想的興起》（北京：三聯書店，2003）上卷第二部《帝國與國家》，頁821–828。

康有為真的是這樣偉大的現代立法者嗎？[107]儘管現代學者蕭公權也曾認為，康有為「除了界定中國在現代世界中的地位外，更界定一種理想的新世界」，[108]但我始終懷疑這一點。正如梁啟超後來批評老師康有為時說的，當時呼籲「保教」的學者常常「取近世新學新理而緣附之，曰：某某孔子所已知也，某某孔子所曾言也。……然則非以此新學新理厘然有當於吾心而從之也，不過以其暗合於我孔子而從之耳」。[109]康有為把公羊學的概念現代化，通過比附古代經典來構擬自己想像中的未來世界，這在晚清語境中無可厚非，很多人都會這樣做。[110]但是，現在的論說者仍把康有為先知化，把他那些

---

[107] 關於康有為力圖使孔教國教化，並通過這一途徑來建立現代國家的問題，蕭公權《近代中國與新世界：康有為變法與大同思想研究》(汪榮祖中譯本，南京：江蘇人民出版社，1997，2007) 有一些討論，可能是某些學者的靈感來源之一。

[108] 蕭公權《近代中國與新世界：康有為變法與大同思想研究》，頁530。

[109] 梁啟超《清代學術概論》(朱維錚校注本《梁啟超論清學史二種》)，頁71。

[110] 古人如董仲舒、何休。蕭公權指出，康有為重新詮釋公羊學並沒有什麼特別了不起的地方，「康有為的確說了董仲舒沒有說過的話，但此乃因他生活在不同的時代以及遭遇到不同的政治問題，可以想像到，假如董仲舒和何休生於19世紀，他們不會反對孔子改制以及用三統來肯定制度的變更」。《近代中國與新世界：康有為變法與大同思想研究》，頁65。近人如皮錫

模棱兩可似是而非的大言，用現代理論和現代概念再發揮一番，或許正如陳寅恪所說，「其言論愈有條理統系，則去古人學說之真相愈遠」。[111]他們雖然「依其自身所遭際之時代，所居處之環境，所熏染之學說，以推測解釋古人之意志」，但可能恰恰忽略了康有為身處的歷史語境：作為長期大清帝國治下的漢族士人，作為要「保大清江山」的政治領袖，康有為在設計新國家時，他不能不意識到他的「身份／角色」，受限於他所處的「族群／國家」。

大凡研究清史的學者都知道，大清帝國在王朝政治合法性上，一直會強調三條原則，一是不分華夷，「我朝既仰承天命，為中外臣民之主」，所以「不得以華夷而有異心」，二是「大德者必受命」，要根據道德即「天心之取捨，政治之得失」，決定誰來執掌天下，三是以文明論族群，這就是「中國而夷狄也則夷狄之，夷狄而中國也則中國之」。所以，雍正在《大義覺迷錄》中說，「自我朝入主中土，君臨天下，並蒙古極邊諸部落俱歸版圖，是中國之疆土開拓廣遠，乃中國臣民之大幸，何

瑞，他在《師伏堂春秋講義》(《續修四庫全書》經部第148冊)借助《春秋》的華夷、天下、中國觀念，對《萬國公法》、中國統一、東西各國競爭、文明野蠻所發的議論，頁466–482。參看書後皮錫瑞之子皮嘉佑識語，頁494。

[111] 陳寅恪〈審查報告一〉，載馮友蘭《中國哲學史》(北京：中華書局重印本，1984)下冊，附錄，頁2。

得有華夷中外之分」。[112]這種大清帝國的原則，既有不分種族的平等，也有天下一家的包容，如果把它現代詮釋，難道雍正皇帝也是在「替未來設計」和「為現代立法」？

顯然，作為大清帝國內部變法的呼籲者，康有為對大清帝國有著認同，對大清王朝疆域、族群、制度的捍衛，這使他不可能像章太炎、孫中山那樣，贊成激烈的「嚴分華夷」或「中外有別」。[113] 他的政治理想是在19世紀末20世紀初國內外新形勢下「保國」（大清帝國）、「保種」（大清帝國治下的滿漢各族）、「保教」（孔子為教主的儒教），因此他的策略只能是：首先，採用公羊學的觀念，對多民族帝國進行妥協的解釋，大概只是唯一的途徑；其次，日本明治維新重塑天皇權威，對於康有為等人的變法策略，有相當大的刺激和啟迪，特別經過甲午

---

[112] 《大義覺迷錄》卷一「上諭」（附錄於《「大義覺迷」談》一書中，上海書店出版社，1999），頁135。後來的乾隆皇帝也同樣有很多這類「去華夷」、「致大同」、「尊孔孟」的說法，這是清王朝的主流政治意識形態。

[113] 章太炎曾經說，康有為對南北美洲華商說「中國只可立憲，不能革命」的話，不是說給華商聽的，而是說給滿人聽的，只是一方面「尊稱聖人，自謂教主」，一方面「為滿洲謀其帝王萬世，祈天永命之計」。這話當然說得太偏，但是，可以用來說明康有為有關「改制」、「大同」等等言論，背後有一個大清帝國的情結。見〈駁康有為論革命書〉，《太炎文錄初編》卷二，《康有為全集》本，頁176–178。

一役之後，這恰恰與《春秋公羊傳》中的「大一統」和「尊王」的說法相吻合；再次，儒家的「遠近小大若一」的天下，是包裝成世界主義的自我中心主義，當這個「天下」要經由孔教的「准宗教革命」來實現的時候，這個康有為試圖通過仿效歐洲新教革命建立近代民族國家，形成現代國際秩序的路線圖，就成了一個現代世界秩序的替代性方案，這並不是一個簡單的「超越國家的普遍主義」。可是，當康有為從《春秋公羊傳》裏詮釋和發揮出來的這些想像，被後來的學者當做替現代世界的新秩序以及現代中國國家制度的預言或立法時，康有為就真的成了「南海聖人」。[114]

有趣的是，最近中國有一批學者在呼籲，現在中國要「回到康有為」，他們說，由於康有為提出大同世界和孔教國教論，所以，「康有為是現代中國的立法者。既不是孫中山，不是毛澤東，也不是章太炎，康有為才是現代中國的立法者……在我看來，目前中國思想界最重要的一件事是把康有為作為現代中國立法者的地位給確定下來，其他問題才可以高水平地展開討論」。[115]

[114] 其實，梁啟超在致康有為書信中，就已經直言不諱地說道，「大同之說，在中國固由先生精思獨闢，而在泰西實已久為陳言」。〈梁啟超致康有為〉(1902年5月)，載張榮華編校《康有為往來書信集》(北京：中國人民大學出版社，2012)，頁591。
[115] 當然，在同樣立場的學者中也有不同意見，如甘陽認為張之洞

康有為很自負，誠如蕭公權所說，「強烈的自信心，幾近乎自誇，是康有為性格最顯著的特徵」，[116]在他的著作中不僅不大提莊存與和劉逢祿，甚至也不提啟發他接受公羊學的廖平。[117]不過，由於在他的手中，公羊學開始成為顯學，「三科九旨」之類的觀念在現代解釋之下具有了新的意義，因此在思想史家上溯其學術和思想淵源時，常州公羊學就開始一點一點地被納入研究者的視野，成為思想史研究的一個熱點。可是即使這樣，二十世紀的很長時間裏，在學術史上，莊存與和劉逢祿還是不那麼引人矚目，比起顧炎武、黃宗羲、王夫之，比起戴震、章學誠，甚至比起同時代的淩廷堪、阮元來，他們一直很暗淡。[118]在思想史上，康有為也沒有「現代中國立法

才是現代中國的立法者，而姚中秋認為曾國藩才是「讓中國做好了現代化的道德和政治準備」的先行者，而康有為的國教受基督教影響很大，是比附基督教，因此是自降教格，應當提倡儒教為「文教」，超越各種宗教之上。見〈康有為與制度化儒學〉中的專題討論，載《開放時代》（廣州）2014年5期，16頁以下；秋風〈儒家作為現代中國之構建者〉，載《文化縱橫》（北京）2014年2月號，頁68–73。

[116] 蕭公權《近代中國與新世界：康有為變法與大同思想研究》第二章〈生平〉，頁15。

[117] 直到民國六年（1917）重印《新學偽經考》的時候，康有為才稱贊了劉逢祿、龔自珍和魏源一下，但仍不提及廖平，更沒有提到莊存與。

[118] 1928年，陳柱撰《公羊家哲學》（上海：中華書局聚珍版，

者」那麼高的地位，也不太像現代甚至未來世界的預言者，倒是常常被視為現代中國的保守思想代表。正如前面所說，只是他的學生梁啟超在《清代學術概論》中回溯這一現代思想興起的時候，才自然地順藤摸瓜，從康有為追溯到了魏源和龔自珍，從魏源和龔自珍追溯到了莊存與和劉逢祿。

但是，為什麼在二十世紀末，公羊學說成了啟迪現代的偉大學說？莊存與和劉逢祿成了現代中國思想的一個源頭？康有為怎麼就成了彌賽亞一樣的先知？這也許與前面提到的二十世紀末年一個中國本土儒學學者和一個美國歷史學者的兩部著作有關。1995年，立志要推動政治儒學的蔣慶出版了《公羊學引論》，他對《春秋公羊傳》的解釋進路非常明確，就是把公羊學的「微言大義」，從單純的思想學說引向政治領域，他「相信人心系於制度，對於社會問題之解決，典章制度具有不可替代之功效」，[119]因此，他認為清代常州公羊學派「莊、劉、宋、孔呼其前，淩、龔、魏、陳涌其後，千年古義，復明其時，元學奧旨，大暢人間」。[120]和蔣慶不同，美國學者艾

1929）一書，在其討論公羊學源流的〈撰述考〉那一章中，只是提及孔廣森，對於莊存與、莊述祖、劉逢祿、宋翔鳳、陳立，只說了「均以公羊學名家」七個字，而說到廖平和康有為，則說「尤奇詭。公羊學之流派，至是益失其本真」。頁15–16。

[119] 蔣慶《公羊學引論》（瀋陽：遼寧教育出版社，1995），梁治平序，頁2。

[120] 蔣慶《公羊學引論》，自序，頁1。

爾曼（Benjamin A. Elman）則是從清代政治與思想變化脈絡的梳理中，給莊存與和劉逢祿重新回到思想舞台的中央，提供了歷史的解釋，他的《經學、政治和宗族——中華帝國晚期常州今文學派研究》一書英文本於1990年出版，此書的一些觀點引起很大震蕩，他特別強調了莊存與和劉逢祿的重要性，「莊存與曾置身於中華帝國政治舞台的中心位置，相形之下，龔（自珍）、魏（源）儘管被20世紀的歷史學者一致賦予重要位置，但在當時不過是位處政治邊緣的小人物」。[121]

這兩個研究受到兩方面中國學者的關注，蔣慶的著作是要把公羊學的政治意義闡發出來，說明公羊學是「區別於心性儒學的政治儒學」，是「區別於內聖儒學的外王儒學」，是「在黑暗時代提供希望的實踐儒學」。他強調「太平大同的理想世界就是公羊學為生活在亂世的人們提供的希望」。[122]這一公羊學

---

[121] 艾爾曼《經學、政治和宗族——中華帝國晚期常州今文學派研究》(趙剛中譯本，南京：江蘇人民出版社，1998)。

[122] 蔣慶《公羊學引論》第一章，頁47。蔣慶認為，亂世中，「應內外有別，詳內略外，即應把負有治理責任亂世使命的國家，即代表王道王化的國家（魯）與其他衰亂的國家（諸夏）區別開來，先提高自己的道德水平」，「在升平世，推行王道之國（魯）與其他國家（諸夏）之間，不再有區別，王化已經普及到周圍許多國家，只是未開化的邊遠民族（夷狄）還沒有被王化，與魯和諸夏有區別」，太平世「天下不再有大國小國的區別，也不再有文明落後的區別，即消除了國界與種界，天下一家，中國

理想不僅有著名法律史學者梁治平的推薦，他關於「公羊學夷夏之辯說建立在文化本位上的民族主義，正是健康正當的民族主義」等說法，[123]恐怕在某種程度上也啟發了後來極力倡導「天下主義」的盛洪。[124]艾爾曼的著作不僅1998年被翻譯成中文出版，受到廣泛好評，他關於「今文經學代表著一個充滿政治、社會、經濟動亂的時代的新信仰，它倡導經世致用和必要的改革」，「從莊存與、劉逢祿起，今文經學家求助於古典的重構，為將來立法」的說法，恐怕也對一些學者將現代中國思想的興起的淵源和脉絡，追溯到清代公羊學家有所啟迪。[125]

由於這些在中國學界有影響的學者，同時開始關注並且發掘清代公羊學的現代意義，於是，莊存與和劉逢祿以及他們有關《春秋公羊傳》的片言隻語，逐漸成為被詮釋的熱點，那

一人」，頁253–257。

[123] 蔣慶《公羊學引論》第四章，頁231。

[124] 盛洪與蔣慶2002年曾經就天下主義等等問題有長篇對話，以《以善致善》（上海：三聯書店，2004）為名編輯成書出版。其序言〈在儒學中發現永久和平之道〉，載《讀書》2004年第4期，又收入盛洪《為萬世開太平》（增訂版），頁280–286。

[125] 汪暉在1993年訪問加州大學洛杉磯分校時，與艾爾曼有一篇後來題為〈誰的思想史〉的對話，艾爾曼就向汪暉提到，他把「莊存與、劉逢祿置於今文經學復興的中心地位，這只是一種歷史的重構，這是一幅與以康、梁為中心的歷史圖像不同的圖像」。載《讀書》（北京）1994年第2期。

些「非常異義可怪之論」再一次成了對未來世界的預言或者箴言。[126] 不過需要指出的是，蔣慶雖然其論述之政治意味非常明確，總是試圖推動儒學進入實際政治制度領域，但他在自序中已經率先聲明，自己的書「為公羊學著作，而非客觀研究公羊學之著作，公羊學為今文經學，故是書亦為今文經學」，這清清楚楚地警示讀者，這只是自己的一種信仰，目的在發揮公羊學「微言大義」，不必盡合文獻與歷史。[127] 而作為歷史學家的艾爾曼，儘管強調「今文經學興起的政治時勢是和珅事件」，而莊存與的《春秋正辭》主要是「假借經典的外衣，表達對和珅擅權的不滿」，特別是「借助經典的神秘色彩抵制漢學擴張及其存在的瑣碎考證的流弊」。[128] 但是，對於公羊學的現代政治意義，他只是非常簡略地提及常州學派有「求助於古典的重構為現代授權，為將來立法」，[129] 但他仍然小心翼翼地説明，常

---

[126] 我説「再一次」是因為在晚清康有為那裏，它已經充當了一次「預言」或「箴言」的角色。

[127] 蔣慶《公羊學引論》自序，頁2。我還記得，1990年代，在北京學界一個小範圍研究班裏，蔣慶應邀作公羊學的報告時，率先告知聽眾，不要用歷史和文獻來質疑他，因為他是信仰，不是學術。

[128] 艾爾曼《經學、政治和宗族——中華帝國晚期常州今文學派研究》「代序：中國文化史的新方向」，16頁，「序論」，頁6。

[129] 艾爾曼《經學、政治和宗族——中華帝國晚期常州今文學派研究》，頁225；又，他在第七章中曾經提到，由於劉逢祿處理

州學派「還未達到政治革命的高度，也還未完全理解社會進步的程度」。

　　蔣慶無疑是在對公羊學作現代詮釋，這不必多說。艾爾曼的歷史梳理多少也有一些個人推測，莊存與撰《春秋正辭》與反抗和珅相關這一說法，已經被人質疑，而劉逢祿撰《春秋論》以聖人之說為朝貢體系之合法性論證的說法，恐怕也缺少直接證據，[130]且不論在大清王朝為官的劉逢祿，是否敢有異族皇帝逐漸被中國王道「同化」這樣大膽的說法。但艾爾曼指出的一點很重要，即劉逢祿作為一個少數民族統治下的王朝官員，所以只能同意「《春秋》以文化特徵而非種族特徵確定政治地位，從夷狄之君轉化為中國之主，是一個接受中國王道範式的文化同化過程」。他十分謹慎地指出，這是由於劉逢祿是「一個少數民族征服者所建立的王朝的官員，其（有關華夷的）論點就（比宋代儒家）溫和寬容得多」。[131]這一點毫無疑問，劉

過對越南外交事務，所以《春秋》裏面那種「安排內外不同人群的文化理論，它導致朝貢制度的形成⋯⋯今文經學的外交觀念成為劉逢祿處理對越外交爭執的基本框架」，頁164。

[130] 劉逢祿〈春秋論〉上、下，見前引《劉禮部集》卷三。上篇主要在反駁錢大昕所說的「春秋之法，直書其事，使善惡無所隱而已」，下篇主要是說《公羊傳》有微言大義（如張三世和通三統），比《穀梁傳》好，頁56–58。

[131] 艾爾曼《經學、政治和宗族 —— 中華帝國晚期常州今文學派研究》，頁164。

逢祿身處異族統治之下，不能不淡化《春秋》中原有的華夷界限。這才是清代公羊學的現實語境，只要聯繫到清代文字獄嚴酷而慘烈的歷史，對劉逢祿等人淡化華夷的解釋，更合理的解釋應當是一種經師說經的權宜策略，每一個清代經學家遇到棘手的華夷胡漢問題，可能都會有這種曖昧態度。因此，如果像斯金納（Quentin Skinner）所說，「把思想放回語境中去理解」，這些有關《春秋公羊傳》的解說，本身未必那麼有「先見之明」，清代公羊學者未必能未卜先知地為未來泯滅種族界限的大同世界作提前設計。

那麼，它是否可以被解釋為，「從清代中期開始，莊存與、劉逢祿、魏源、龔自珍等人不斷地在夷夏、內外以及三統、三世等範疇中討論王朝的合法性問題，並在禮和法的基礎上，重建關於『中國』的理解。今文經學者在經學的視野內發展了一系列處理王朝內部與外部關係的禮儀和法律思想，從而為新的歷史實踐——殖民主義時代條件下的變法改革——提供了理論前提和思想視野」？[132] 有的學者認為，古代中國儒家的「天下」，可以批判英國主導的殖民時代世界體系、美國主導的現代世界秩序，可以成為未來更合理世界的替代性方案。他們說，這種替代性方案是來自從董仲舒、何休到莊存

---

[132] 汪暉《現代中國思想的興起》上卷第二部〈帝國與國家〉，頁490。他把清代公羊學說成是「一種適應王朝體制的歷史變化而不斷完善的歷史觀與世界觀的建構」。

與、劉逢祿，再到康有為的這些公羊學說，這是「為一種以大同為導向的世界管理（the world governance）提供價值和規範」，據說，「從這一重構世界圖景的活動中逐漸展開的『大同』構想，對資本主義世界關係的分析，尤其是這一世界關係所依賴的國家、邊界、階級、性別等等級關係的尖銳批判，卻帶有深刻的預見性和洞察力」。[133]

真的是這樣嗎？這恐怕有些現代人的過度詮釋。

結語　烏托邦：想像和詮釋出來的「天下」

從先秦諸子對於上古黃金時代的想像，到秦漢之後儒家面對現實提出的理想，從清代公羊學家抵抗乾嘉時代考據學和歷史學的經典詮釋，康有為面對變局時想像出來的大同世界構想，一直到二十世紀末二十一世紀初的政治儒學以及「天下體系」和「天下主義」。一種試圖作為現行世界秩序替代方案的「天下」，在「大國崛起」要重新安排世界的心情，和歐美有關「新帝國」的批判理論刺激和鼓舞下，以重新詮釋中國古典的方式，出現在當代中國思想舞台上。儘管，我有時也盡可能同情地理解這一有關「天下」論說的背後心情，但作為一個歷史學者，我實在不能贊同這種一步一步旁行斜出的過度詮

[133] 同上，頁735。

釋，也不能贊同這種將概念抽離歷史語境的想像。

現在一些學者是這樣想的。他們把古代中國想像的「天下」改造成針對現代世界秩序的「天下主義」，覺得這個「天下主義」能夠使世界從亂世、升平世到太平世（三世說），並且認為它已經設計了一個「不再有大國小國的區別，也不再有文明落後的區別，即消除了國界與種界」的世界制度（遠近小大若一），因而它不僅為現代中國奠定基礎，而且為世界的未來立法。這些想法無論其動機如何，從學術角度看，都是構造了一個非歷史的歷史。正如我一開始所說，如果它還沒有進入實際的「政治領域」和「制度層面」，而只是學者再翻閱古典時的「想像」或者「憧憬」，只是書齋中的學術和思想，也許它並不會造成很大的麻煩。但問題是，這種天下主義論說總是試圖「成為政府的、政治的和政策的依據」，那麼就不能不讓人擔心，古代中國「天下」秩序中原本就隱含的華夷之分、內外之別、尊卑之異等因素，以及通過血與火達成「天下歸王」的策略，是否會在「清洗百年屈辱」的情感和「弘揚中華文明」的名義下，把「天下主義」偽裝成世界主義旗號下的民族主義，在中國崛起的背景下做一個「當中國統治世界」的「大夢」？我不知道。但可以看到的是，「天下主義」的討論已經開始越過歷史、文獻和思想，進入中國政治、外交甚至軍事戰略領域，一些非歷史學者開始接過「天下主義」的口號，積極地向官方提出了「從空想到現實」的戰略路線圖，這就是中國要從中心主義、孤立主義，走到開放主義和天下主義，為什麼？據說，這是因為中國

文明與西方文明中的「世界主義是迥然不同的」，西方的世界
主義是以擴張為主要特徵的，中國的天下主義是以和平和守成
為取向的，所以，他們建議「新天下主義」要成為「中國獨有的
外交資產，以取代當代世界民族國家體系」。[134]

　　我沒有能力對未來成為政治制度的「天下主義」作善惡是
非的判斷，我只是從歷史角度分析這一觀念背後的政治、思想
與學術。現在，提倡「天下主義」或「天下體系」的學者，對這
個叫做「天下」的古代概念表現了異乎尋常的熱情，總在宣稱
它可以拯救世界的未來。可是，真的是這樣嗎？歷史也好，
文獻也好，現實也好，似乎都並不能給這種說法作證。在我
即將寫完這篇論文的時候，我看到一部還算新出的著作，叫
《重回王道：儒家與世界秩序》，[135]也在討論「何為天下」、「天
下與王道」和「王者無外」和「萬物一體」。坦率地說，這部書的
書名很好，如果真的能夠依靠一種「王道」給這個不太好的世

---

[134] 參看葉自成《中國大戰略：中國成為世界大國的主要問題及戰
　　略選擇》（北京：中國社會科學出版社，2003），頁145；李少
　　軍主編《國際戰略報告：理論體系、現實挑戰與中國的選擇》
　　（北京：中國社會科學出版社，2005）第十章〈中國的戰略文化
　　傳統〉；郭樹勇《中國軟實力戰略》（北京：時事出版社，2012）
　　第六章，頁122。江西元《大國關係與文化本原》（北京：中央
　　編譯出版社，2011）第五章〈中國外交文化本原〉，頁285。

[135] 干春松《重回王道——儒家與世界秩序》（上海：華東師範大
　　學出版社，2012）。

界提供新秩序，那麼自然非常好，但必要的前提是，為什麼現代西方思想提供的是「霸道」，古代中國儒家提供的是「王道」？憑什麼你提供的方案是「王道」，而別人的卻是「霸道」？[136]這使我們不得不一再地回到問題的起點：誰是世界制度的制定者？誰來判斷這個制度的合理性？

這才是需要討論的真問題。

2015年2月2日初稿於上海

[136] 比如，康德〈世界公民觀點之下的普遍歷史觀念〉（《歷史理性批判》，何兆武中譯本，北京：商務印書館，1997）中提出，「儘管這一國家共同體目前還只是處在很粗糙的輪廓裏，可是每個成員卻好像都已經受到了一種感覺的震動，即他們每一個人都依存於整體的安全。這就使人可以希望，在經過許多次改造性的革命之後，大自然以之為最高目標的東西——那就是作為一個基地而使人類物種的全部原始稟賦都將在它那裏得到發展的一種普遍的世界公民狀態——終將有朝一日會成為現實」（頁18）。這是不是也可以解釋為西方也有「王道」？

後記

　　自從 2011 年在北京中華書局和台北聯經出版公司出版《宅茲中國：重建有關「中國」的歷史論述》一書之後，2014 年，我在日本岩波書店又出版了日文版《中國再考 —— 領域、民族、文化》，這本小書收在「岩波現代文庫」中；同一年，這本書的中文增補版《何為中國？—— 疆域、民族、文化與歷史》，也在香港牛津大學出版社出版。

　　有了這幾本書，我以為，圍繞「中國」，涉及疆域、民族、宗教、國家、認同話題的討論，在我這裏大概應該告一段落，我可以重回原來有興趣的思想史研究領域。但沒有想到，近來這個話題熱度沒有衰退，反而在學界越來越熱鬧，好些與此相關的論著不斷出現，還有一些新的問題不斷提出，這使我不能不重新回到這個題目上來，對史料加以重新檢視，對問題進行認真回答，對質疑進行深刻反省。一個特別的契機

是，今年(2016)的初夏，在羅多弼教授和張隆溪教授的推動下，瑞典皇家歷史、考古與文學院在斯德哥爾摩召開了一次「何為中國」討論會。會前，羅多弼教授要求我率先發言，以便引起大家討論，這逼著我不能不再寫一篇有關這一方面的論文，來回答新出現的種種問題。恰好，在種種對於「中國」、「周邊」論述的質疑中，一個有關中國「內」、「外」的問題特別刺激我，有人質疑，什麼是「周邊」？這個問題恰恰涉及到什麼是「中國」。因此，我就從這一問題開始，撰寫一篇論文提交會議。

可是，我沒有想到，這篇論文越寫越長，最後就成了這本小書，以至於瑞典斯德哥爾摩的會上，我只能提交一篇經過大幅删減的簡本供大家討論。

現在回想起來，說實在的，我沒想到這一話題會引起那麼多關注，因此也由衷感謝這幾年裏學界朋友的相助和指點。2011年《宅茲中國》出版以後，台北聯經的《思想》雜志、香港的《二十一世紀》、大陸的《開放時代》、《文藝研究》、日本的《日本思想文化研究》、《アジア時報》和 *Journal of Cultural Interaction in East Asia*、韓國的 *The Journal of Northeast Asian History*、美國的 *Cross-Current: East Asian history and Culture review*，先後發表了好些意見不一的評論。2014年，由於辻康吾先生和陳冠中兄的介紹，《中國再考》和《何為中國》分別在日本和香港出版，這兩本薄薄的小書居然也引起各方面關注。先是2014年春夏，我正在哈佛燕京學社訪問，4月底，王

德威教授和歐立德教授在哈佛大學費正清中國研究中心特意組織了題為 "Unpacking China" 的閉門討論會來討論這個話題，會上邀請了來自加拿大、美國、台灣、香港等地的學者參加，其中有加拿大UBC的杜邁可和丘慧芬教授，有來自美國賓州大學的梅維恒教授，還有來自香港和台灣的朋友及哈佛的研究生，討論得相當熱烈。尤其是會議之前，許倬雲先生傳來他尚未完成的書稿給大家討論，會議開始的當天又通過skype專門致辭，這可能就是後來他命我給他的《華夏論述》一書寫「解說」的緣起。接著，在那一年的秋冬，日本《每日新聞》把2014年「アジア・太平洋」大獎授給了《中國再考》這本小書，在11月的頒獎儀式上，去年剛剛故去的亞細亞調查會會長栗山尚一先生還特別強調說，這是「亞洲太平洋」獎設立二十幾屆來，第一次把唯一的大獎授給小小的「文庫」本，這讓我感到很榮幸。第二年也就是2015年，《何為中國》不僅獲得第八屆「香港書獎」，香港浸會大學還特意組織了一個有關「何為中國」的討論會，陳冠中兄和羅貴祥教授邀請了來自韓國、台灣、香港和大陸的學者，包括廖咸浩、白永瑞、金由美、許紀霖等一起討論，會上學者的發言後來發表在台北聯經出版公司的《思想》第31輯（2016）上，這些意見讓我頗為受益，提出的一些問題也讓我進一步思考。同一年，日本東方書店邀請了幾位日本學者，合作翻譯《宅茲中國》，哈佛大學出版社也在學界朋友的推薦下，決定邀請翻譯出版這本《何為中國》，現在，這兩本書的日譯本和英譯本已經分別完成，大概不久就可

以出版。因此，我應當感謝這幾年中，始終給我幫助、與我討論、給我啟迪的各位朋友，當然也包括前面提到的瑞典皇家學院會議的各位參與者，包括羅多弼、張隆溪、王賡武、王汎森、歐立德、程艾藍和巴斯蒂夫人等教授，還有年屆九旬的馬悅然教授，他不僅主持了開幕式，還整整一天都在會議上聽我們討論。

那麼，現在為什麼還要再寫一本小書呢？這是因為還有一些問題，過去的幾本書沒有說清楚，或者還有一些關鍵想法，在這幾年又略有調整。我並不是說，寫了這一本小書就可以「題無剩義」，畢其功於一役。其實，這本小書要說的話題相當簡單，也就是我在〈結論〉中要說的那幾點，這裏不必重複。倒是有一點，我想在這裏向讀者交代：因為我主張歷史中國的內與外在移動和變化，不能用現代國家的概念去理解古代帝國的歷史，也不能用現代中國的領土來理解古代中國的疆域，因此，所謂「周邊」，不僅包括了現在中國境外的日韓越緬印俄等等「外國」，也包括了歷史上原本在漢族中國邊緣的「異族」。這使得我們在歷史研究的理論和方法上，也要加以重新調整，我們不得不把原本歸在「中外關係史」的內容，與歸在「中國民族史」的內容，彼此打通界限之後重新審視，說明它們「成為中國」或「成為外國」的歷史過程，也不得不把過去在華夏邊緣的那些歷史，不再看成是遠離中心的「邊疆史」，而是重新放在當時的位置，以「全球史」或「區域史」的眼光重新考慮其意義。

毫無疑問，這些回顧歷史的課題有來自現實的問題意識，學者並不是生活在真空之中，紛至沓來的風波總會引發他的思考，因此，這些年中曾三番五次被人追問，這些有關歷史的研究能否解決現實問題，諸如領土爭端、國際關係、民族矛盾或者國家認同等。在這裏我要坦率地說，歷史學者沒有這個能力，因此，在屢屢被追問的時候，我不得不反復回答同一句話，這就是「歷史學家只是診斷病源的大夫，卻不是能開藥方動手術的醫生」。這一點，在這裏還需要再次聲明。

　　像前一本《何為中國》一樣，我要特別感謝余英時先生再次給這本小書題寫書名。

2016年9月於芝加哥大學

引用文獻

1. 基本史料

《十三經注疏》，1980年北京中華書局影印本。

「二十四史」及《清史稿》、《資治通鑒》等，均為北京中華書局校點本。

《續修四庫全書》為上海古籍出版社影印本。

《戰國策》，上海古籍出版社，1978。

《清實錄》，中華書局影印本，2008。

《欽定大清會典事例》，上海古籍出版社影印《續修四庫全書》本。

吳士連等編著，陳荊和編校：《大越史記全書》，東京大學東洋文化研究所，1984。

杜佑：《通典》，北京：中華書局，1988。

李燾：《續資治通鑒長編》，北京：中華書局，2004。

顏之推著，王利器集解：《顏氏家訓集解》，上海古籍出版社，1980。

韓愈著，馬其昶校注：《韓昌黎文集校注》，上海古籍出版社，1986。

樂史：《太平寰宇記》，北京：中華書局，2007。

邵伯溫：《邵氏聞見錄》，北京：中華書局，1983。

趙汝愚編：《宋朝諸臣奏議》，上海古籍出版社，1999。

周密：《癸辛雜識》，北京：中華書局，1988，1997。

黎崱：《安南志略》，北京：中華書局，1995。

俞本著，李新峰箋證：《紀事錄箋證》北京：中華書局，2015。

羅曰褧：《咸賓錄》，北京：中華書局，2000。

王士性：《廣志繹》，北京：中華書局，1981。

顧炎武：《日知錄》，《顧炎武全集》第19冊，上海：上海古籍
　　出版社，2011。

錢大昕：《潛研堂文集》，《嘉定錢大昕全集》，南京：江蘇古籍
　　出版社，1997。

郭子章：《(萬曆)黔記》，據貴州省圖書館1966年油印本影印。

田雯：《黔書》，影印貴陽文通書局印民國「黔南叢書」本。

愛必達：《黔南識略》，貴陽：貴州人民出版社，1992。

嚴如煜：《防苗備覽》，道光二十三年紹義堂重刻本。

魏源：《聖武記》，《續修四庫全書》史部第402冊，據古微堂刊
　　本影印。

穆彰阿、潘錫恩等：《大清一統志・凡例》，《續修四庫全書》
　　史部第613冊，影印道光二十五年本。

洪亮吉：《乾隆府廳州縣圖志》，《續修四庫全書》史部・地理
　　類第625冊，影印乾隆嘉慶刻本。

睡虎地秦墓竹簡整理小組編：《睡虎地秦墓竹簡》，北京：文物出版社，1990。

曾棗莊、劉琳主編：《全宋文》，上海：上海辭書出版社，2006。

譚其驤主編：《清人文集地理類彙編》，杭州：浙江人民出版社，1988。

───主編：《中國歷史地圖集》，北京：中國地圖出版社，1991。

幾種清代繪製的苗蠻圖冊，包括：《苗蠻圖冊頁》(巴黎：漢學研究所圖書館)、《苗蠻圖》(劍橋：哈佛燕京圖書館)、《黔省諸苗全圖》(「早稻田文庫」，東京：早稻田大學圖書館)、《蠻苗圖說》(東京：早稻田大學文學部)、《滇省夷人圖說》(北京：中國社會科學出版社，2009)等。

2. 現代著作（按姓名筆畫順序）

川勝義雄著，徐谷芃、李濟滄譯：《六朝貴族制社會研究》，上海：上海古籍出版社，2007。

巴菲爾德(Thomas J. Barfield)著，袁劍譯：《危險的邊疆──遊牧帝國與中國》，南京：江蘇人民出版社，2011。

日比野丈夫：《中国歴史地理研究》，京都：同朋舍，1977。

王明珂：《華夏邊緣：歷史記憶與族群認同》，台北：允晨文化，1997。

王柯：《東突厥斯坦獨立運動——1930年代至1940年代》，香港：香港中文大學出版社，2013。

王爾敏：《中國近代思想史論》，台北：華世出版社，1977。

王賡武 Wang, Gungwu. *Renewal: The Chinese State and the New Global History*. Hong Kong: The Chinese University Press, 2013. 中文版為黃濤譯：《更新中國：國家與新全球史》，杭州：浙江人民出版社，2016。

司徒琳 (Lynn A. Struve) 主編，趙世瑜等譯：《世界時間與東亞時間中的明清變遷》，北京：三聯書店，2009。

弗雷特 Foret, Phillippe. *Mapping Chengde: The Qing Landscape Enterprise* (規劃承德：大清的景觀設計). Honolulu: University of Hawai'i Press，2000.

田天：《秦漢國家祭祀史稿》，北京：三聯書店，2015。

白壽彝：《學步集》，北京：三聯書店，1978。

矢野仁一：《近代支那論》，京都：弘文堂書房，1923。

吉登斯 (Anthony Giddens) 著，胡宗澤、趙力濤譯：《民族-國家與暴力》(*The Nation-State and Violence*)，北京：三聯書店，1998。

安德森 (Benedict Anderson) 著，吳睿人譯：《想像的共同體：民族主義的起源與散佈》(*Imagined Communities: Reflections on the Origin and Spread of Nationalism*)，台北：時報文化，1999。

江應樑：《江應梁民族研究論文集》，北京：民族出版社，1992。

米華健 (Millward, A. James) 著，賈建飛譯：《嘉峪關外：
1759–1864 年新疆的經濟、民族和清帝國》(*Beyond the
Pass: Economy, Ethnicity, and Empire in Qing Central Asia, 1759–
1864*)，香港：香港中文大學出版社，2017。

———等編 Millward, A. James, Ruth Dunnell, Mark Elliott and
Philippe Foret eds. *New Qing Imperial History*. London and New
York: Routledge, Curzon, 2004.

西嶋定生：《日本歷史の国際環境》，東京：東京大學出版
會，1985。

何偉恩 Wiens, Harold. *China's March toward the Tropics: A Discussion
of the Southward Penetration of China's Culture, People, and
Political Control in Relation to the Non-Han-Chinese People of
South China and in the Perspective of Historical and Cultural
Geography*. Hamden: Shoe String Press, 1952.

何羅娜 Hostetler, Laura. *Qing Colonial Enterprise: Ethnography and
Cartography in Early Modern China* (清代殖民事業：前近代
中國的人種志與圖像學). Chicago: The University of Chicago
Press, 2001.

呂一燃主編：《中國邊疆史地論集》，哈爾濱：黑龍江教育出版
社，1991。

坂野正高：《近代中国政治外交史——ヴァスコ・ダ・ガマか
ら五四運動まで》，東京：東京大學出版會，1973。

李焯然：《中心與邊緣：東亞文明的互動與傳播》，桂林：廣西

師範大學出版社，2015。

李零：《待兔軒文存(讀史卷)》，桂林：廣西師範大學出版社，
　　2011。

———：「我們的中國」系列四冊，北京：三聯書店，2016。

李漢林：《百苗圖校釋》，貴陽：貴州民族出版社，2001。

村井章介、佐藤信、吉田伸之編：《境界の日本史》，東京：山
　　川出版社，1997。

村井章介：《境界史の構想(日本歴史・私の最新讲义)》，東
　　京：敬文舍，2014。

杜正勝：《周代城邦》，台北：聯經出版事業公司，1979。

汪暉：《現代中國思想的興起》，北京：三聯書店，2004。

周一良：《周一良集》，瀋陽：遼寧教育出版社，1998。

岡本隆司編：《宗主権の世界史 —— 東西アジアの近代と翻
　　概念》，名古屋：名古屋大學出版會，2015。

拉鐵摩爾 (Owen Lattimore) 著，唐曉峰譯：《中國的亞洲內陸
　　邊疆》，南京：江蘇人民出版社，2005。

松本信広：《東亜民族文化論攷》，東京：誠文堂新光社，
　　1968。

林聰舜：《漢代儒學別裁：帝國意識形態的形成與發展》，台
　　北：台大出版中心，2013。

波利比烏斯 (Polybius) 著，翁嘉聲譯：《羅馬帝國的崛起》，台
　　北：廣場出版，2012。

哈特 (Michael Hardt)、奈格里 (Antonio Negri) 著，楊建國、范

一亭譯：《帝國》，南京：江蘇人民出版社，2003。

徐炳昶：《中國古史的傳說時代》，桂林：廣西師大出版社重印本，2003。

馬承源主編：《上海博物館藏戰國楚竹書》（上海古籍出版社，2002）第二冊。

張雙智：《清代朝覲制度研究》，北京：學苑出版社，2010。

梁元生：《邊緣與之間》，香港：三聯書店，2008。

莊吉發：《清高宗十全武功研究》，台北：中華書局，1987。

許宏：《何以中國：公元前2000年的中原圖景》，北京：三聯書店，2014。

許倬雲：《我者與他者：中國歷史上的內外分際》，北京：三聯書店，2010。

———：《華夏論述：一個複雜共同體的變化》，台北：天下文化，2015；大陸簡體版改題《說中國》，廣西師範大學出版社，2015。

陳蘇鎮：《〈春秋〉與「漢道」：兩漢政治與政治文化研究》，北京：中華書局，2011。

傅斯年：《傅斯年全集》，長沙：湖南教育出版社，2003。

喬荷曼 Herman, E. John. *Amid the Cloud and Mist: China's Colonization of Guizhou, 1200–1700* (雲霧之間：中國在貴州的殖民，1200–1700). Cambridge: Harvard University Press, 2007.

費正清 Fairbank, John. *The Chinese World Order*. Cambridge:

Harvard University Press, 1968.

逯耀東：《抑鬱與超越——司馬遷與漢武帝時代》，北京：三
聯書店，2008。

溫春來：《從「異域」到「舊疆」：宋至清貴州省西北部地區的制
度、開發與認同》，北京：三聯書店，2008。

葛兆光：《七至十九世紀中國的知識、思想與信仰——中國思
想史第二卷》，上海：復旦大學出版社，2000）。

———：《宅茲中國：重建有關「中國」的歷史論述》，北京：
中華書局，2011。

———：《何為中國？——疆域、民族、文化與歷史》，香港：
牛津大學出版社，2014。

———：《想像異域：讀李朝朝鮮漢文燕行文獻札記》，北
京：中華書局，2014。

葛劍雄主編：《中國移民史》，福州：福建人民出版社，1997。

詹姆斯·布賴斯 (James Bryce) 著，孫秉瑩等譯：《神聖羅馬帝
國》(*The Holy Roman Empire*)，北京：商務印書館，1998。

榎一雄：《榎一雄著作集》第七卷《中國史》，東京：汲古書院，
1994。

蒙文通：《蒙文通文集》第五卷，成都：巴蜀書社，1999。

劉子健：《兩宋史研究彙編》，台北：聯經出版公司，1987。

劉曉原：《邊疆中國：二十世紀周邊暨民族關係史述》，香
港：香港中文大學出版社，2016。

歐立德 Elliot, C. Mark. *The Manchu Way: The Eight Banners and*

Ethnic Identity in Late Imperial China（滿洲之道）. Stanford: Stanford University Press, 2001.

───著，青石譯：《乾隆帝》，北京：社會科學文獻出版社，2014。

黎明釗：《輻輳與秩序：漢帝國地方社會研究》，香港：香港中文大學出版社，2013。

蕭啟慶：《內北國而外中國》，北京：中華書局，2007。

濮德培 Perdue, Peter. *China Marches West: The Qing Conquest of Central Eurasia*（中國西進：清對中央歐亞的征服）. Cambridge: Harvard University Press, 2005.

濱下武志著，朱蔭貴譯：《近代中國的國際契機》，北京：中國社會科學出版社，1999。

羅友枝 Rawski, S. Evelyn. *The Last Emperors: A Social History of Qing Imperial Institutions*. Berkeley: University of California Press, 1998. 中文本改題《清代宮廷社會史》（周衛平譯，雷頤校，北京：中國人民大學出版社，2009）。

羅威廉（William Rowe）著，李仁淵、張遠譯：《中國最後的帝國──大清王朝》（*China's Last Empire: The Great Qing*），台北：台大出版中心，2013）。

譚其驤：《長水粹編》，石家莊：河北教育出版社，2000。

蘇秉琦：《中國文明起源新探》，瀋陽：遼寧人民出版社，2009。

顧頡剛、史念海：《中國疆域沿革史》，北京：商務印書館重印

本，2000。

顧頡剛：《古史辯》第一冊，上海：上海古籍出版社重印本，
　　1982。

3. 參考論文（按姓名筆畫順序）

小川琢治：〈支那戰国以前の地理上智識の限界〉，載《藝文》
　　第六年（1915）第四號。

川島真：〈近現代中国における国境の記憶――「本来の中国
　　の領域」をめぐる〉，載《境界研究》no. 1（2010）。

方震華：〈和戰與道德――北宋元祐年間棄地論的分析〉，載
　　《漢學研究》（台北：中央圖書館）33卷1期（2015年3月）。

王文光：〈「大一統」中國發展史與中國邊疆民族發展的「多元
　　一統」〉，載《中國邊疆史地研究》2015年第4期（25卷4期）。

王汎森：〈從經學向史學的過度――廖平與蒙文通的例子〉，
　　載四川大學歷史文化學院編《蒙文通先生誕辰110周年紀
　　念文集》（北京：線裝書局，2005）。

包弼德 Bol, Peter K. "Seeking Common Groud: Han Literati under
　　Jurchen Rule," in *The Harvard Journal of Asiatic Studies*, 47, no.
　　2 (Dec. 1987).

白鳥庫吉：〈漢の朝鮮四郡疆域考〉，載《東洋學報》第二卷
　　（1912）。

羽田亨：〈漢民族の同化力説に就いて〉，　原載《東洋學報》

二十九卷三、四號（1944），收入《羽田博士史學論文集·
歷史篇》（京都：同朋社，1975）。

何炳棣 Ho, Ping-ti. "In Defense of Sinicization: A Rebuttal of Evelyn
Rawski's Reenvisioning the Qing," *The Journal of Asian Studies*,
57, no. 1 (1998), pp. 123–155. 張勉勵中譯本〈捍衛漢化：駁
羅友枝之《再觀清代》〉，亦收入劉鳳雲編《清朝的國家認
同：新清史研究與爭鳴》（北京：中國人民大學出版社，
2011）。

———. "The Significance of the Ch'ing Period in Chinese History,"
The Journal of Asian Studies, 26, no. 2 (1967).

吳莉葦：〈比較研究中的陷阱——評勞拉·霍斯泰特勒《清代
殖民地事業》〉，載《史學月刊》（開封）2005年第6期。

李林：〈開化與殖民兩套詮釋話語的論爭與困境〉，載《中央研
究院近代史研究集刊》第80期（2013年6月）。

辛德勇：〈秦漢象郡別議〉，載《中國學術》（北京：商務印書
館，2016）第三十六輯。

芈一之：〈從實際出發研討中國民族關係史中的幾個問題〉，
見翁獨健主編《中國民族關係史研究》（中國社會科學出版
社，1984）。

紀若誠（C. Pat. Giersch）：〈混雜的人群：中國西南前近代早起
邊疆的社會變遷（1700–1800）〉（"A Motley Throng: Social
Change on Southwest China's Early Modern Frontier, 1700–
1800"），沈海梅中譯，見陸韌主編：《現代西方學術視野中

的中國西南邊疆史》(昆明：雲南大學出版社，2007)。

胡適：“Newly Discovered Material for Chinese History”(新發現的有關中國歷史的材料)，收入《胡適全集》(安徽教育出版社，2003)第36卷；現有鄭群中譯本，載《中國歷史評論》(上海古籍出版社，2014)第四輯。

范文瀾：〈中國歷史上的民族鬥爭與融合〉，《歷史研究》(北京)1980年第1期。

孫江：〈拉克伯里「中國文明西來說」在東亞的傳佈與文本之比較〉，載《歷史研究》(北京)2010年1期。

孫祚民：〈中國古代史中有關祖國疆域和少數民族的問題〉，《文匯報》1961年11月4日。

孫祚民：〈處理歷史上民族關係的幾個重要準則〉，《歷史研究》1980年第5期；收入《中國民族關係史論文集》(北京：民族出版社，1982)。

徐中舒：〈從古書中推測之殷周民族〉，載《國學論叢》第一卷一號。

徐凱：〈滿洲「漢文化」化與接續中華文明統緒〉，見《田余慶先生九十華誕頌壽論文集》(北京：中華書局，2014)。

桑原隲蔵：〈晉室の南渡と南方の開發〉，載《藝文》第五年(1914)第十號。

馬司帛洛 (Henri Masparo)：〈秦漢象郡考〉，見馮承鈞《西域南海史地考證譯叢》(北京：商務印書館重印本，1995)第一卷第四編。

———：〈宋初越南半島諸國考〉，見馮承鈞《西域南海史地考證譯叢》第一卷第一編。

———：〈唐代的安南都護府疆域考〉，見馮承鈞《西域南海史地考證譯叢》第一卷第四編。

張光直：〈中國相互作用圈與文明的形成〉，載《慶祝蘇秉琦考古五十五年論文集》（北京：文物出版社，1989）。

張璇如：〈民族關係史若干問題的我見〉，翁獨健主編《中國民族關係史研究》（中國社會科學出版社，1984）。

張灝：〈中國近代思想史的轉型時代〉，《二十一世紀》第52期（1999年4月號）。

曹兵武、戴向明：〈中國考古學的現實與理想 —— 俞偉超先生訪談錄〉，載王然編：《考古學是什麼》，北京：中國社會科學出版社，1996。

曹新宇、黃興濤：〈歐洲稱中國為「帝國」的早期歷史考察〉，載《史學月刊》（開封）2015年第5期。

許宏：〈中國考古學界國家起源探索的心路歷程與相關思考〉，載《中原文化研究》（鄭州）2016年2期。

陶晉生：〈傳統中國對外關係的省思：以宋遼金時期為例〉，載《漢文化與周邊民族 —— 第三屆國際漢學會議論文集（歷史組）》（台北：歷史語言研究所，2003）

陸韌：〈現代西方學術視野中的中國西南邊疆史研究〉，陸韌主編《現代西方學術視野中的中國西南邊疆史》（昆明：雲南大學出版社，2007）。

程秀金：〈新清史清朝統治模式之述評〉，載《學術月刊》（上海）2015年（第47卷）第6期。

費孝通：〈中華民族的多元一體格局〉，原載《北京大學學報》1989年第4期。

葉高樹：〈滿洲君主塑造政治認同的論述〉，載黃寬重主編《基調與變奏：七至二十世紀的中國》（台北：政治大學歷史系，2008）。

葛兆光：〈成為文獻：從圖像看傳統中國之「外」與「內」——在上海博物館的講演〉，載《文匯報‧文匯學人》2015年11月13日。

———：〈疊加與凝固——重思中國文化史的重心和主軸〉，載《文史哲》（濟南）2014年第2期。

———：〈對「天下」的想像——一個烏托邦背後的政治、思想與學術〉，載《思想》（台北：聯經出版事業公司，2015）第29期。

蓋博堅（R. Kent Guy）演講："What sort of Regime was the Qing"，見「2011明清研究前瞻」國際學術研討會演講（徐維里、吳佩瑾中譯文，林文凱校定）。

劉子健（James T. C. Liu）：〈中國歷史中統合的因素及其相互的影響〉，邢義田譯，收入《中國文化的危機與展望——文化傳統的重建》（台北：時報出版公司，1982）。

劉志偉：〈天地所以隔內外——王朝體系下的南嶺文化〉，見《東方早報‧上海書評》（2016年1月31日）。

劉家和：〈論先秦時期天下一家思想的萌生〉，載《「中國歷史上的分與合」學術研討會論文集》（台北：聯經出版事業公司，1995）。

歐立德（Mark Elliott）：〈傳統中國是一個帝國嗎？〉，載《讀書》（北京：三聯書店）2014年1期。

蔣智由（署名觀雲）：〈中國上古舊民族之史影〉，《新民叢報》第三十一號。

魯西奇：〈中國歷史上的核心區：概念與分析理路〉，載《廈門大學學報》2010年第1期。

———：〈內地的邊緣：傳統中國內部的「化外之區」〉，載《學術月刊》（上海）2010年第5期。

濮德培（Peter C. Perdue）著，牛貫杰譯：〈比較視野下的帝國與國家：18世紀中國的邊疆管轄〉（"Comparing the Empire and State by Way of Discussing Border Control in 18th Century China"），載《史學集刊》2014年第4期。

韓昭慶：〈康熙《皇輿全覽圖》與西方對中國歷史疆域認知的成見〉，載《清華大學學報》2015年6期。

瀨野馬雄：〈朝鮮廢四郡考〉（上）（中）（下），連載於《東洋學報》十三卷一期（1923）、三期（1923）和四期（1924）。

羅友枝 Rawski, Evelyn S. "Presidential Address: Reenvisioning the Qing: The Significance of the Qing Period in Chinese History," *The Journal of Asian Studies*, 55, no. 4 (Nov. 1996)；張婷中譯本（李瑞豐校）：〈再觀清代 —— 論清代在中國歷史上的意

義〉，收入劉鳳雲編《清朝的國家認同：新清史研究與爭鳴》（北京：中國人民大學出版社，2011）。

羅威廉（William Rowe）：〈中華帝國在西南的教育：陳宏謀在雲南（1733–1738）〉，載陸韌主編：《現代西方學術視野中的中國西南邊疆史》（昆明：雲南大學出版社，2007）。

嚴文明：〈中國史前文化的統一性和多樣性〉，載《文物》1987年第3期。